마음의 결

마음의 결

결을 따라 풀어낸
당신의 마음 이야기

태희 에세이

피어오름
BOOKS

때로는 푹 쉬어요.
그리고 활짝 웃어요.

다 괜찮아질 테니까.
앞으로 좋은 날만
기다릴 테니까.

서문

우리는 타인의 삶을 이해하며 성장한다

누군가 내게 물었다. 내려놓는다는 것은 무슨 의미라고 생각하냐고. 인생을 어떠한 마음으로 살아가면 좋겠냐고. 어떤 것에도 정답은 없겠지만, 나는 여기에 이렇게 답하고 싶다.

내려놓음은, 모든 삶이 그럴 수도 있음을 이해하는 데에서 시작할 거라고. 우리가 가져야 할 삶을 대하는 마음가짐은, 내 선택의 결과를 받아들일 줄 아는 것에서 출발해야 할 거라고.

사람들의 삶에는 각자의 이유가 존재한다. 그렇기에 누구나 각자의 고민을 안고 살아가며, 우리는 그 어떤 삶도, 고민도 비웃을 수 없다. 내가 현재 그렇게 살아가지 않는다고 해서 다른 삶이 틀렸다고 말할 수 없다.

따라서 타인의 삶을, 고민을 비난해서도, 답이 정해진 질문을 한 것 같다 해서 비웃어서도 안 된다. 어차피 모든 기준은 상대적이며, 각자의 고민은 그 나름의 이유가 있음을 받아들이고 존중할 수 있어야 한다. 그것이 바로 타인에 대한 이해의 시작이다.

우리가 세상을 바라보는 관점을 넓히는 가장 쉬운 방식은, 바로 타인의 삶을 이해하고 받아들이는 것이다. 그로 인해 우리는 더 성숙한 나로 성장하게 된다.

나는 많은 사람들이 더 많이 사랑하고, 더 많이 행복하기를 바란다. 이 책은 개개인의 고민과 그에 대한 답변으로 이루어졌다. 나는 이 책이 누구나 편히 읽고, 그 안에서 자신의 경험을 돌아보고, 다른 삶을 이해하고, 어쩌면 모두가 비슷하게 살아감을 보며, 언제든지 위로 받고, 함께 성장하는, 그러한 놀이터가 되기를 바란다.

각 목차는 각각의 새로운 주제를 지니고 있지만, 큰 틀은 다르지 않다. 모든 삶은 선택의 연속이며, 그 선택은 나의 몫이라는 것. 그리고 나의 선택의 결과를 받아들여야 한다는 것.

길지 않은 여정일 것이다. 천천히 음미하며, 글로 풀어낸 당신의, 우리의 마음의 결을 함께 따라가기를 바란다.

끝으로 현재의 고민과 진솔한 이야기를 용기 내어 전해주시고, 늘 감사 인사 전해주시는, 저와 인연이 닿은 모든 독자분들께 진심으로 감사드립니다.

마음을 담아
태희

차례

서문_ 우리는 타인의 삶을 이해하며 성장한다 … 7

1부 글로 마음을 펼친다

남들에게 보여주는 삶에 지쳐있다면 … 18
착한 사람이라는 프레임 … 20
욱하는 감정 바라보기 … 22
SNS 인간관계에 드는 회의감 … 24
친구 소개, 왠지 자꾸만 남 좋은 일만 하는 나 … 27
엄청나게 우울한 날의 나에게 … 30
직장 내 무리에 끼지 못한 채 살아남는 법 … 32
위해주는 척 남 이야기하는 사람 응대법 … 35
자꾸만 남들에게 과시하고 싶은 마음 … 37
뒤돌아서면 남는 이 찝찝함은 뭐지 … 39
질투라는 감정이 생기는 이유 … 42
모든 일에 무기력할 때가 있다 … 44
어떤 상황에서도 주눅 들지 말 것 … 46
괴로운 용서는 진짜 용서가 아닐 수 있다 … 48
내 얘기를 들었으면 어쩌지 … 51
누구에게도 기대려 하지 않는 나 … 54

자신이 필요할 때만 찾는 친구 … 56
나의 약점과 마주하기 … 58
맞장구만 쳤을 뿐인데 뒷담화를 한 사람이 되어버렸다 … 60
자꾸만 친구들 무리에 섞이지 못하고 겉돌 때 … 63
건강한 질투 … 65
인간관계에는 결벽증이 적용되지 않는다 … 67
새로운 학기, 새로운 친구, 새로운 날들 … 69
나를 싫어하는 사람은 왜 생길까 … 71
밝음 뒤에 감춘 따뜻한 마음 … 73
제일 친했던 친구와의 멀어짐에 대처하는 법 … 76
반복되는 일상이 너무 지루해요 … 78
다 좋은데, 한 번씩 내게 상처 주는 친구 … 80
주변 사람들이 나를 싫어할까봐 걱정하는 당신 … 83
오해, 풀어야 할까 말아야 할까 … 85
나에게 잘해주는 친구가 불편해질 때가 있다 … 87
단톡방에서 욕 안 먹고 빠져나오는 마법의 말 … 89
애인 앞에서 나를 깎아내리는 친구가 있다면 … 91
사람들 사이에 오해가 생기는 이유 … 93
우리는 모두와 함께할 수 없다 … 96

2부 너의 마음을 읽는다

내가 그리운 것은 그 사람일까, 그 사람의 빈자리일까 … 100
내가 더 좋아하는 사랑이 힘든 이유 … 102
이별 후 당신에게 ❶ 나는 너에게 어떤 의미였을까 … 105
이성들과 많이 만나는 내 애인의 직업이 신경 쓰일 때 … 107
부모님 때문에 멀어진 연인 사이 … 109
잊으려 할수록 더 힘이 든다 … 112
상대방의 마음이 변할까 두렵다면 … 114
서로 다른 이성관을 가진 커플 … 117
전 연인의 SNS에 로그인 하는 이유 … 119
이별 후 당신에게 ❷ 시간이 흘러 다시 연락해도 될까 … 121
내 연인이 바람을 피웠다, 용서할 수 있을까 … 123
헤어짐을 통보한 연인, 다시 돌아올까요? … 126
부모님이 반대하는 연애, 부모님이 개입한 연애 … 129
자꾸만 결혼을 재촉하는 내가 집착으로 보일까 … 132
사랑을 하면서 느끼는 가장 슬픈 감정 … 135
그는 내가 아니다 … 137
늘 마음을 다 주고 차였다면 … 139
사랑해서 마음 정리한다는 연인을 설득하고 싶을 때 … 142

이별 후 당신에게 ❸ 마음 한 구석이 텅 비어버렸다 … 145
상대방의 과거가 신경 쓰일 때가 있다 … 147
연인의 거짓말, 어디까지 이해해야 할까 … 150
네가 너무 편안해서 사랑이 아닌 것 같다는 말 … 153
혹시, 을의 연애를 하고 있다면 … 155
머리로는 알지만 마음으로는 받아들이기 힘들 때 … 158
사랑의 유효기간을 늘리는 방법 … 160
가장 잔인한 이별이 있다 … 162
집착과 소유욕으로 상대방을 힘들게 한다면 … 164
남들에게 누르는 좋아요가 나에게만 없다 … 167
이별 후 당신에게 ❹ 이별 후 가장 먼저 밀려오는 감정 … 170
착한 사람으로 남으며 이별을 고하는 방법 … 172
오히려 자존감이 더 떨어져버렸다 … 175
제 때 연락이 되지 않는 연인으로 인한 갈등 … 178
내 애인의 이성 친구, 어디까지 이해할 수 있을까 … 180
환승 이별의 두 얼굴 … 183
너와 결혼까지 생각했어 … 185
이별 후, 마음을 추스르는 방법 … 187
헤어진 연인을 붙잡고 싶다면 … 191
당신은 그를 바꾸지 못한다 … 193
어떤 이별 앞에서도 절대 배신감이 들지 않는 연애 방법 … 195

3부 우리의 결이 같기를 바란다

나 자신을 사랑하는 방법 … 200
해야 하는 걸 아는데, 실행으로 옮기지 않는 나 … 202
좋아하는 일과 잘하는 일 선택하기 … 204
학업과 진로 선택 고민을 하고 있다면 … 206
지나간 인연에 미련을 갖지 말 것 … 209
모두에게 좋은 사람으로 보이는 방법 … 211
나의 마음을 상대방이 불편해할 때 … 214
성공한 사람들의 특별한 인간관계 노하우 … 216
열등감의 순기능 … 218
남의 말에 휘둘리는 나를 위한 마인드 컨트롤 방법 … 221
무언가를 시작하기에 좋은 시기는? … 223
훌륭한 자식이 되지 못한 것 같아 드는 죄송한 마음 … 225
편안한 사람 만만한 사람 구분하는 법 … 228
버티고 버티면, 정말 좋은 날이 올까 … 231
인간관계는 논리적이지 않다 … 233
우울함, 그건 너의 잘못이 아니야 … 235
진정한 친구라는 의미 … 237

대가를 바라면 서운함이 생긴다 … 240
외로움을 극복하는 방법 … 243
당신은 반드시 잘 살아야 한다, 여 보란 듯이 … 245
내가 네 편이 되어 줄게 … 248
미련이 없다는 말의 진짜 의미 … 250
유독 지치고 마음이 무거운 날이 있다 … 251
잘 살아와줘서 고맙습니다 … 254
당신은 반드시 더 좋은 인연을 만나게 된다 … 258
우리는 타인을 규정짓지 말아야 한다 … 260
고마움을 반드시 표현해야 하는 이유 … 262

1부
글로 마음을 펼친다

삶에 지쳐 있다면 남들에게 보여주는

우리는 살아가며 문득 밀려오는 회의감에 자신을 돌아보는 순간이 있다. 그리고 그 돌아보는 때는, 내가 주체적으로 살아가고 있는가라는 의문이 들 때다. 타인의 시선에 맞춰 살아가는 자신의 모습을 볼 때, 우리는 회의감이 든다고 말한다.

그렇다면 그러한 삶이 잘못된 걸까. 꼭 그 시선에서 벗어나 살아야만 할까.

물론 그럴 수 있다면 좋을 것이다. 무언가에 얽매이지 않고 내가 생각한 대로, 내가 하고 싶은 대로 살아가는 삶. 어쩌면 누구나 꿈꾸는 삶일지도 모른다.

그렇지만 설령 그렇지 않다고 해서, 조금 남들을 의식한다고 해서 그것이 잘못된 것이라고, 지금 당장 삶의 방식을 바꾸라고 말하고 싶지는 않다.

우리는 타인의 시선이 존재함을 알기에 도덕성을 안고, 예의를 갖추고, 때로는 그로 인해 배려와 양보를 하기도, 타인을 돕기도 한다.

세상에는 무조건 나쁜 것, 잘못된 것은 없다. 그것을 내가 어떤 의미로 받아들이고 삶에 영향을 미치느냐의 차이일 뿐이다.

나는 그저 이 글을 읽는 당신이 지금 얼마나 충분히 잘 살아가고 있는지를 말하고 싶다. 당신의 삶은 결코 틀리지 않았다.

착한 사람이라는 프레임

착한아이증후군이라는 말이 있다. good boy syndrome 이라고도 불리는 이 말은, '어른이 되어서도 자신의 감정을 솔직히 표현하지 못하고, 타인에게 착한 사람으로 남기 위해 욕구나 소망을 억압하면서 지나치게 노력하는 것'을 말한다.

그리고 실제로 많은 사람들이 이러한 고민을 하고 있다. 그렇다면, 조금 더 나답게 살기 위해서, 혼자 고민하고 마음 아파하지 않고, 할 말을 하면서도 마음 편하게 살고 싶다면 어떻게 해야 할까.

그러기 위해서는 우선 내가 정말 마냥 착한 사람인

지, 그렇지 않으면 자신의 나약함을 착한 사람이라는 포장지로 두르고 있는 것은 아닌지 돌아볼 필요가 있을 것이다.

만약 타인의 그러한 시선이 불편하다면, 착한 사람이라는 것도 결국은 내가 만들어놓은 프레임일 가능성이 크다. 착한 사람이라는 프레임은 때로는 나의 나약함과 부족한 면들을 가리기 위한 아주 좋은 포장지가 되기 때문이다. 그것을 명확하게 바라보고 인식하고 인정해야 우리는 성장할 수 있다.

서로의 다름을 존중할 때, 그리고 우리의 내면이 강인해졌을 때, 그래야 이치에 맞지 않는 것을 거절할 수 있고, 그러한 프레임에서 벗어난, 있는 그대로의 나의 모습을 만날 수 있다. 아마도 착한 사람이라는 프레임에서 벗어난 우리의 모습은 스스로 가장 행복한 때의 자신일 것이다.

필요하다면 해야 할 말 다 해도 괜찮다. 그러한 고민을 했다는 것만으로도 당신은 이미 충분히 좋은 사람일 테니까.

욱하는 감정 바라보기

가끔 자리를 하고 집에 돌아오면 묘한 기분이 드는 관계가 있다. 그 순간에는 그냥 다수에 묻혀 웃으며 넘어갔는데 곱씹어보니 나를 무시한 것이 아닌가 하는 그런 기분이 들 때다. 이 경우 이유는 크게 두 가지로 볼 수 있다.

첫째, 다른 때라면 충분히 웃으며 넘길 이야기를 그날따라 내 감정이 다운되어 있거나 약간의 자격지심에 욱하는 경우.

둘째, 실제로 그 사람이 매우 무례한 사람인 경우.

그런데 어느 이유에서였든, 시간이 흘러 곱씹어보다가 화가 나서 뒤늦게 상대방에게 따지는 행동은 그리 현명하지 못한 선택이다.

상대방이 직접적으로 내 이야기를 한 것이 아니라면, 혹은 그 자리에서 유연하게 반박을 한 것이 아니라면, 오히려 시간이 흘러 따지는 내가 이상한 사람이 되기 쉽다. 올라오는 감정을 못 참고 감정적으로 따지면, 오히려 내가 그를 싫어하는 사람이라고 알리는 셈이 된다.

나만 느끼는 미묘한 기류. 그러한 것이라면 기분은 좋지 않지만 굳이 따지고 들 이유도 없다. 정 불편하다면 다음번에 비슷한 상황이 닥쳤을 때 여유 있는 모습으로 그만하기를 말하는 것으로 충분하다.

상대방도 자신이 나쁜 사람이 되고 싶지 않다면 그러한 어투를 그만둘 것이고, 만약 직접 이야기했는데도 그 행동이 이어진다면 결국 주변 사람들에게 그 상대방이 이상한 사람이 되는 것이다.

SNS 인간관계에 드는 회의감

요즘은 인간관계가 학교나 직장 내에만 있는 것이 아니다. 온라인에서도 소통을 하며 관계를 이어간다. 그 가운데에는 아는 사람도 혹은 전혀 모르는 사람도 있다. 문제는 얼굴이 보이지 않는 공간이다 보니 상대방의 표정이나 목소리를 알 수 없어 관계의 척도를 '팔로우', '이웃' 등으로 가늠하게 된다는 사실이다.

어느 날 갑자기 팔로우가 끊겨 있거나, 내 피드에 댓글을 달지 않고, 내 사진에 좋아요를 누르지 않는 모습에 서운함이 들고, 나 때문에 기분 상한 일이 있는 것은 아닌지 이래저래 신경 쓰이기까지 한다.

당연히 일부러 그렇게 한 것일 수도 있다. 그러나 또 한편으로는 별 다른 뜻이 없는 것일 수도 있다. 그리고 어느 쪽이든 진실을 알게 된다 해도 바뀌는 것은 크게 없다. 이미 팔로우는 끊겼고, 소통이 뜸해졌다는 팩트뿐.

그래서 그 진실이 무엇일까를 알려는 고민은 크게 의미가 없다. 그저 그 정도였던 것까지였을 뿐. 그 시간에 나는 나를 좋아하고, 내가 좋아하는 친구들, 팔로우들과 소통하면 된다. 기분 상하는 일에 집중하지 말고 좋은 일, 감사한 일에 집중하면 된다.

어떤 면에서는 SNS의 관계도 오프라인과 다를 바가 없다. 상대방이 나를 외면하고 모른 척하는데 매번 혼자 전전긍긍하며 맞춰주려고만 할 수 없듯이, 내가 상대방에게 할 수 있는 진심을 다했다면, 정말 마음 쓰이는 친구에게는 솔직하게 대화해보려는 노력을 했다면, 그것으로 충분하다. 그 후에는 더는 걱정하고 있지 말고, 오히려 지금 당장 내 옆에 있는 소중한 사람들을 더 챙기는 것이 훨씬 낫다.

언제가 되더라도 끊길 관계였을 수도, 혹은 언젠가 또다시 깊은 인연이 될 수도 있다. 누군가의 선택에 내가 꼭 언제나 함께여야 할 이유는 없다. 그저 감정을 흘려보내고 현재의 나와 현재의 내 사람들에게 더 집중하길 바란다.

남 좋은 일만 하는 나
친구 소개, 왠지 자꾸만

우리는 좋은 사람이고 싶어서, 좋은 뜻에서 무언가를 행동하지만, 그것이 꼭 나에게 좋은 결과로 이어지는 것은 아니다. 그럴 때면 자신의 행동과 선택에 대한 회의가 몰려오게 된다.

그중 하나는, 좋은 마음으로 친구들을 소개했는데, 오히려 그 친구들끼리만 가까워지는 경우다. 모두가 함께 친해지면 좋겠지만 왠지 모르게 나 혼자 소외되고, 아끼는 사람 둘을 한꺼번에 잃은 듯한 기분. 내가 그 사이에 끼어버린 듯한 불편한 감정.

나를 중심으로 친구들을 서로 소개해줬을 때, 모두가 함께 어울리기에 좋은 숫자는, 나를 포함해 셋이 아니라, 넷 이상인 것을 권한다. 셋일 때는 누군가 한 명이 소외감을 느낄 수 있지만, 모임이 넷 이상이 되면 그때부터는 개개인이 여러 가지 관계에 대한 부담에서 조금 자유로워진다.

또한 명심할 것은 이는 학창 시절뿐만이 아니라 직장생활, 사회생활을 할 때에도 마찬가지라는 것. 관계에 100퍼센트는 없지만, 굳이 신경 쓰일 일들은 확실히 줄어들게 된다.

그리고 이미 그렇게 된 관계로 인해 상처 받았거나, 인간관계에 회의감이 들고 있다면, 왠지 모르게 나만 소위 낙동강 오리알이 된 것처럼, 아무런 실속도 못 차리고 바보가 된 듯한 기분이 든다면, 그건 그것으로 괜찮다.

이미 지나간 것을 되돌릴 수는 없다. 대신, 서로가 좋은 만남이었으면 했던 나의 선의의 의도가, 그들의 관계가 나를 제외하고 가까워질수록 신경이 쓰인다면, 내 성향과는 조금 맞지 않을 수도 있다는 것을 알았기 때문에 앞으로 그 과정을 반복하지 않으면 된다.

이때 명심해야 할 것은, 내 주변 인물들에 대한 나의 카테고리가 어떻게 연결되는지를 잘 인지하는 것. 학교 동창 모임과 직장 동료들과의 모임이 섞이면 불편해질 수 있듯, 나의 인간관계가 나를 중심으로 어떤 관계도를 그리고 있는지를 생각해보고, 그 경계가 섞이는 것에 대해 어디까지 받아들일 수 있는지를 한 번쯤 생각해보는 것이 좋다.

이후 내가 선택해서 만든 결과라면 받아들여야 한다. 그리고 이러한 과정을 통해 우리는 모든 관계에 대해 한 단계 더 성숙해지며, 나에게 맞는 방식과 맞지 않는 방식이 무엇인지를 배워가게 되는 것이다.

우울한 날의 나에게 엄청나게

사람은 감정의 동물이다. 아무리 에너지가 넘쳐 보이는 사람들도 어느 날에는 기분이 다운되고 아무것도 하기 싫은 날이 있다. 기계가 아닌 사람이기에 매일 상기되어 있을 수는 없는 일이다. 비워내야 채울 수 있듯 아무리 열정이 넘치는 사람들도 차분해지는 날이 필요한 법이다.

다만 누군가에게서는 그것이 느껴지고 누군가에게서는 크게 느껴지지 않는 이유는, 그저 그것을 '외부로 표출하느냐 그렇지 않느냐'의 차이일 뿐이다.

만약 지금 이 순간 기분이 가라앉고 우울한 감정들

이 몰려온다면, 지금 하는 일이 도대체 무엇을 위함인가 회의감이 몰려온다면, 그래도 괜찮다고 말해주고 싶다. 앞서 말했듯 누구나 그러한 시기는 온다. 그것은 결코 내가 부족해서도, 나만 그렇게 뒤처지는 것이어서도 아니다. 그냥 단지 지금 그래야 하는 시기인 것뿐이다.

물론 매일같이 아무것도 하지 않으면서 우울하다고만 말한다면 이는 조금 다를 것이다. 그렇지만 열심히 살아오다가, 어제 오늘 무언가를 위해 노력하다가 그러한 생각이 몰려온다면, 그것은 그저 필요한 감정이다.

그럴 땐 조금 쉬었다 가면 된다. 내일을 위한 준비가 아닌 오늘 이 순간을 살아내면 된다. 하기 싫으면 하지 말고, 감정이 다운되면 그 감정에 잠시 맡기는 것도 괜찮다.

오히려 그 순간들을 받아들이고 넘길 수 있을 때, 우리는 또다시 그러한 순간들을 맞닥뜨릴 때 의연하게 지나갈 수 있다. 그 순간들이 쌓여 당신을 더욱 강하게 만들어줄 것이다.

직장 내 무리에 끼지 못한 채 살아남는 법

직장 생활을 하며 가장 고민이 되는 점은, 일이 아니라 사람이다. 아마 평생의 숙제일지도 모르는 인간관계. 특히 하루의 대부분을 보내는 직장에서 직장 내 무리에 끼지 못할 경우, 혼자만 겉도는 느낌이 들 때면, 당연히 여러모로 고민이 될 수밖에 없다.

그러나 한 가지 다행인 점은, 학창 시절과는 다르게 직장 생활에서는 관계에 대한 정의를 어느 정도 스스로 선택할 수 있다는 것이다.

아주 예외적인 경우를 제외하고는, 정말 원한다면 퇴사나 이직을 고려할 수도 있을 것이고, 그것이 여의치 않다 해도, 십대 시절처럼 관계에 의해 좌우되기보다는 직장에서의 내 시간을 어떻게 활용하고 보내느냐에 따라 충분히 달라질 수 있기 때문이다.

이러한 상황에서 내가 가장 먼저 해야 하는 것이 있다. 바로, 직장에서의 나와 사적인 영역의 나를 완전히 구분하는 것이다. 직장에서의 나와 사적인 영역에서의 나를 동일시하는 순간, 그들의 행태에 잠식되어 내 자존감은 떨어지고 내 자신이 사라진다.

이때의 내게 회사는 그저 일터일 뿐이며, 내 본거지는, 내 본모습을 알아주는 친구들, 나를 있는 그대로 바라보는 내 오랜 지인들, 내가 마음 터놓고 이야기 나눌 수 있는, 퇴근 후 만남을 갖는 내 소중한 사람들임을 기억해야 한다. 비즈니스와 사적인 영역을 구분함으로써 그들에게 감정적으로 치이지 말고 업무적 대상으로만 대하는 것이다.

물론 모든 사회생활을 이렇게 해야 한다는 것이 아니다. 그들과의 관계를 견디기 힘들 경우를 가리키는 것이다. 조금 부족한 인성의 타인 때문에 결코 내가 무너지지 않기 위해서 말이다.

지금 이 순간 그들의 태도가 내 가치를 말해주는 것

이 아님을 기억하는 것. 내 옆에는 내 진가를 알아주는, 나의 진짜 모습을 긍정하는, 내 소중한 사람들이 있다는 것. 그 팩트가 내가 어느 곳에 어느 누구와 있든 나의 자존감을 지켜줄 것이다.

    나의 노력만으로 상황 자체를 즉각 바꿀 수 없다면, 그것을 바라보는 내 관점을 바꾸는 것이 방법이 될 수도 있다. 부디 타인으로 인해 나 자신을 잃지 않기를 바란다.

응대법 남 이야기하는 사람 위해주는 척

간혹 그런 경우가 있다. 대화를 하다 보면 화제가 언제나 누군가의 이야기로 넘어가버리는 사람.

대놓고 뒷담화를 하면 알아채기 쉽지만 대부분은 그렇지 않다. 처음에는 좋은 이야기를 하는 듯한데, 듣다 보면 안 좋은 이야기인 경우들이 있다.

'걔는 다 좋은데, 그럴 땐 왜 그런지 몰라.'
'그런 건 참 잘해. 그런데 걔 있잖아, 걔 사실…'
'아 맞다. 갑자기 생각 났는데, 걔…'

대놓고 안 좋은 이야기를 하는 게 아니라 동조하는 척, 가까운 척, 위해주는 척, 충고해주는 척, 심지어 칭찬해주는 척하면서 단점을 끄집어낸다. 이런 게 결국 모두 뒷담화다.

어쩌면 이 글을 읽는 당신 또한 무의식중에 누군가의 뒷담화를 하고 있었는지도 모른다. 우리는 생각보다 너무나 쉽게 남의 이야기를 하기 때문이다. 그것도 마치 상대방을 '위한다'는 허울 좋은 핑계의 껍데기를 입고선 말이다.

그리고 만날 때마다 이런 식으로 대화를 이어가거나 항상 제3자의 이야기를 꺼내는 친구와 이야기할 때에는 절대 그 이야기에 동조해서는 안 된다.

'나는 동조하거나 조금 거든 것뿐인데'라는 것은 그저 당신의 생각일 뿐, 주위에 타인을 욕했다고 소문이 나는 것은 그 친구가 아니라 당신이 된다. 명심해야 한다. 절대 동조하지 말고, 애초에 그 자리에 없는 사람의 이야기는 가급적 하지 말 것. 그것만 해도 타인의 구설수에 오를 일은 현저히 줄어든다.

과시하고 싶은 마음 자꾸만 남들에게

사람이라면 누구나 좋은 일을 자랑하고 싶은, 조금 으스대고 싶은 마음이 들 때가 있다.

이는 타인에게 더 나은 사람으로,
좋은 모습만 보이고 싶은 마음,
조금은 우쭐하고 싶은 마음,
왠지 나의 가치를 높이고 싶은 마음이 있기 때문이다.

이는 지극히 자연스러운 감정들이다.
애써 감추려 노력할 필요도, 바꾸려 노력할 필요도

없다.

    누구에게나 있는 당연한 마음이니까.

    단지, 그것이 과하지만 않으면 된다.

    남들을 깎아내리며 나를 높이는 행위,

    거짓으로 포장하고 보이는 것에만 급급한 행위,

    시간이 흐를수록 스스로도 그것이 진짜 자신의 모습인지 헷갈리는 행위들.

그것이 아니면 된다.

그이는 스스로가 가장 잘 알고 있을 것이다.

그러한 것이 아니라면, 조금 자랑하면 어떻겠는가.

좋은 소식 좀 주위에 나누면 어떻겠는가.

그 모습도 나인데.

이 찝찝함은 뭐지 뒤돌아서면 남는

가끔 그런 경우가 있다. 왠지 이 사람이랑 통화를 하고 나면 찝찝함이 남는다든가, 왠지 이 사람이랑 만나고 집에 돌아올 때 곱씹어보면 묘하게 불편한 감정이 드는 그런 경우.

만나고 있거나 대화를 하는 동안에는 아무렇지 않게 있었다가도 그 자리가 마무리 되고 돌아서면 느끼는 이 묘한 기류는, 보통 상대방이 내게 어떠한 '의도'를 가지고 있던 것은 아닐까 싶은 생각이 들 때다. 그리고 그 생각은 실제로 그렇기도 하고, 그렇지 않기도 하다.

내가 아무런 생각 없이 한 질문이 상대방에게 고민을

심어주는 경우도 있고, 나는 누구에게나 하는 태도로 대한 것이 상대방은 자신을 업신여겨 한 것이라 느낄 수도 있다. 내가 정말 궁금해서 던진 말이 상대방에게는 무슨 꿍꿍이가 있는 것이라 여길 수도 있는 것이다.

모든 것은 상대적이기에 꼭 누구 하나의 잘못이라고 설명하기 애매한 상황들이 분명 존재한다. 문제는 이 상황이 반복될 때다.

우연이 반복되면 필연이라 했던가. 만날 때마다 자꾸 그런 생각이 드는 사람, 대화를 할 때마다 찝찝해지는 사람은 실제 그 사람이 그런 의도였건 아니건, 받아들이는 쪽이 불편해진다는 점이 팩트다. 그러면 어떻게 해야 할까.

불편한 입장에서는, 만약 그것이 문제가 되고 다른 것들은 다 괜찮다면 오해를 풀기 위한 노력을 해볼 수도 있을 것이다. 또한 동시에 매번 기껏 시간 내고 마음 써가며 불편한 자리에 있을 이유가 없을 것이다. 일일이 반응하고 대응해가며 스트레스 받을 이유도 없다.

단, 오해를 풀려고 할 때에는 절대 쌓인 것들을 해소하듯이 대해서는 안 된다. 상대방이 실제로 자신의 목적이나 의도를 드러낸 것이 아닌 이상 나 또한 그저 가볍게 웃으며 넘길 수 있어야 한다. 반드시 여유 있게 응해야 한다.

    내가 아무리 불쾌해하고 여러 정황상 촉이 맞을 것이라 추측한다 해도 상대방이 어떤 의도를 가졌는가를 가려내기란 쉽지 않다. 당사자가 아니라고 하면 그만이기 때문이다. 그저 나의 오해일 뿐이라고 말하면 받아들이는 나의 편협한 사고가 문제가 될 뿐이다.

질투라는 감정이 생기는 이유

우리가 살아가면서 매우 쉽게 느끼는, 그러나 인정하고 싶지 않은 감정이 있다. 바로 질투다. 질투는 연애할 때만 느끼는 감정이 아니다. 가족들 사이에서도, 친구들 사이에서도, 직장 동료 사이에서도, 나와 너, 그리고 또 한 명의 누군가가 있는 어느 모임, 어느 소속, 어느 공간에서든 느끼게 된다.

이 감정이 나타나는 이유는 의외로 간단하다. 바로 '소유욕' 때문이다. 그 남자, 그 여자가 내 것이라는 생각, 이 친구는 내 것이라는 생각, 내 옆에 있는 이 사람이 내 것이라는 생각 때문에 생기는 감정이다.

반대로 생각하면 훨씬 쉽다. 만약 그가 혹은 그녀가 내 것이 아니라고 생각한다면 어떨까. 누구를 만나든, 누구와 이야기를 하든, 누구와 연락을 하든 신경 쓸 일이 없다. 오직 그 사람을 내 것이라고 여기고, 나만의 것이기를 바라는 소유하는 마음으로 바라보기 때문에 생기는 감정이다.

그렇다면 해결책은 무엇일까. 이를 바로 인식했다면, 이제는 상대방을 내 것이 아닌, 있는 그대로의 모습으로 바라봐주는 것이다. 그 친구도 그 친구의 인간관계가 있고, 그 친구의 꿈이 있고, 그 친구의 신념이 있고, 그 친구의 취향과 생활이 있다. 그것뿐이다.

그는 내가 아니며, 그는 내 것이 아니다. 나 또한 누군가의 것이 아니며, 나 또한 누군가와 동일시되는 존재가 아니다. 이 사실만 기억하면 된다.

모든 일에 무기력할 때가 있다

살다 보면 누구나 한 번쯤 모든 의욕이 꺾이는 기분을 느끼는 때가 있다. 이는 크게 두 가지로 생각할 수 있다. 하나는 모든 열정을 다 바치고 나서 남는 것이 없는 허망함을 느낄 때, 그리고 다른 하나는, 이때까지 항상 그래왔던 대로 그저 만성적인 무기력함이다.

첫 번째의 경우, 이제라도 진정한 삶의 이유를 찾고 목표가 생기면 다시금 무언가를 향해 의욕적으로 나아갈 수 있다. 그런데 두 번째는 조금 다르다. 제대로 된 노력을 하지 않은 상태에서 느끼는 무기력함은 학습된 무기력함일 가능성이 매우 크다. 이 경우에는 스스로 그 필요성을 절실하게 깨닫기 전까지는 외부의 자극과 격려는 크게 의미가 없을 수 있다.

하고 싶은 일, 해야 하는 일, 할 수 있는 일이 무엇인지를 알고, 어제보다 조금 더 성장한 오늘을 위해서, 오늘보다 조금 더 성장한 내일이기를 바라는 마음에서, 그렇게 조금 더 원하는 모습의 내가 되기 위해 스스로 그것을 절감해야 한다.

세상 사람들이 정말 매일매일 에너지가 넘쳐서, 정말 일이 너무 즐거워서, 정말 사람 만나는 게 너무 좋아서 열심히 살아가는 것이 아니다.

각자 나름의 삶의 이유와 목표가 있기 때문에, 때로는 주저앉고 싶어도 조금 더 노력하고, 그 과정에서 성숙해지는 자신을 발견하고, 세월이 흐를수록 자연스럽게 타인을 더 많이 이해할 수 있게 된다.

만약 삶의 의욕을 위한 무언가 거창한 방법을 바라고 있다면 이것을 기억해야 한다. 대다수의 많은 사람들이 하루하루를 열심히 살아가는 이유는, 절대 삶의 의욕을 불태우는 무언가가 있어서가 아니라는 것. 그저 더 나은 모습의 나 자신과 내가 사랑하는 사람들을 위하는 마음이 있기 때문이다.

어떤 상황에서도 주눅 들지 말 것

학교든 직장이든, 단체 생활을 할 때에는 관계가 내 뜻대로만 흘러가지 않는다.

특히, 나는 한 명과 사이가 틀어졌는데 그로 인해 상대방이 속해 있던 무리 전체와 어색해지는 경우가 있다. 이 상황에서 매번 그 공간에 머물러야 한다는 것이 세상에 홀로 남겨진 듯 두렵고 불안하고 막막하게 느껴질 수 있다.

물론 제일 좋은 것은, 친구와 모든 오해를 푸는 것이겠지만, 상황에 따라 그것이 여의치 않을 수 있다. 그렇다 해서, 왠지 친구들 무리의 눈치가 보이고 외롭다고 해서, 기죽은 채 주눅 든 모습으로 지내야 할까. 혹시나 무리에서 내 이야기를 하지는 않을까 나를 비웃지는 않을까 전전긍긍하고 마음 졸이며 지내야 할까.

아니다.

내가 주눅 들어 있다고 해서, 눈치 보며 마음 졸이고 있다고 해서, 무리 중 한두 명이 나를 안쓰럽게 여길지는 몰라도, 그 모습 때문에 상황이 바뀌지는 않을 것이다. 어차피 바뀌지 않을 것이라면, 어깨 펴고 당당하기를 바란다.

그러면서 오해를 풀려면 풀고, 만약 풀지 못하더라도 또 다시 주눅 들지 않기를 바란다. 당신은 어떤 상황에서도 주눅 들어 지내지 않아도 되며, 당신은 세상 누구보다 귀한 존재임을 기억해야 한다.

그리고 그 시작은 나 자신이 나를 귀히 여기고 스스로를 당당하게 여기는 데에서부터임을 꼭 기억하기를 바란다.

진짜 용서가 아닐 수 있다
괴로운 용서는

철이 없다는 이유로, 분위기에 휩쓸렸다는 이유로, 그때는 그게 잘못인지 몰랐다는 이유로, 우리는 자신도 모르게 타인에게 상처를 주기도 한다.

    그리고 시간이 흘러, 혹은 내가 비슷한 상황에 처해 그 시간을 돌아볼 기회가 생기면 미안함이 몰려온다. 잘못이었구나, 그 사람도 상처 받았겠구나. 그제야 사과를 건넨다. 물론 미안함 때문이라기보다 자신의 마음의 짐을 덜기 위함일 수도 있다. 그 진심은 본인만이 알 것이다.

마음의 결

이제 반대의 입장이 되어 보자. 상대방이 무심코, 재미삼아 던진 돌에 맞았던 나는 죽을 듯이 아팠고, 상처받았다. 그 사과를 받아줘야 할까.

주위 관계를 보면,
나만 이해하면 다 편해질 것 같은데,
나만 용서하면, 나만 괜찮으면,
모든 일이 다 제자리로 돌아갈 것 같은데,
정말 그렇게 해야 하는 걸까.

아니다.
그것을 받아들이는 기준은 남들이 아니다. 그래서는 안 된다. 그 사과를 받아들이는 기준과 이유는 오롯이 나여야 한다.

내가 그의 사과를 받아들일 마음이 있는가,
이 사과를 받음으로써 내가 더 편안하겠는가,
이 사과를 받지 않았을 때 나는 그래도 괜찮겠는가,
만약 내가 그의 입장이라면 어떻겠는가.

이 모든 것은 내가 나를 기준으로 질문하고, 생각하

는 것이 먼저다. 가장 좋은 것은 뭇 선인들의 말처럼 당연히 모든 것을 용서하는 것이기에, 세상이 왜 그러한 말을 하는지는 꼭 한 번 생각해 봐야 한다.

하지만 당장 그 말에 얽매여 내가 너무 괴롭고 고통스러운 용서를 급하게 선택하려 하지 않기를 바란다. 조금 천천히여도 괜찮으니, 정말 괜찮은 마음으로 진심으로 내려놓을 수 있기를 바란다. 괜찮다. 지금의 마음이 영원한 것이 아닐 수 있으니까.

10년 후, 혹은 죽기 전 나의 삶을 돌아보았을 때 내가 후회하지 않을 최선의 선택, 그것은 오롯이 당신의 몫임을, 그 사실만 기억하면 된다.

내 애기를 들었으면 어쩌지

우리는 살아가다 보면 종종 실수를 하게 되는데, 그중 하나가 당사자가 없는 자리에서 남 이야기를 하는 것이다. 그리고 늘 그것이 뒷담화가 아니었다고, 그저 정황만, 사실만 얘기한 거라고 말하지만, 마냥 좋은 이야기가 아니라는 것, 당사자 앞에서는 분명 대놓고 말하지 못했을 거라는 것은 본인이 가장 잘 알고 있다.

그리고 한 번쯤은 아슬아슬한 순간이 온다. 나는 당사자가 못 들을 거라 생각하고, 그 사람이 없을 거라 생각하고 이야기했는데, 알고 보니 근처에 있었다거나, 소리가 들릴 만한 거리였을지도 모른다는 걸 알게 되었다거나, 하는 경우다.

심지어 그럴 때면, 그것 때문인지 아닌지는 모르지만, 그때부터 나를 대하는 상대방의 태도가 달라진 것처럼 느껴진다.

가장 좋은 것은, 그 어디에서도, 그 자리에 없는 사람 이야기, 직접 면전에서 할 수 없는 말, 누군가 듣지 않기를 바라는 말은 절대 이야기의 주제로 삼지 않는 것이고, 만약 이미 그럴지도 모르는 상황이 되었다면, 내가 선택할 수 있는 것은 두 가지다.

가까운 사이였다면 직간접적으로 사과하고,
적당한 사이였다면 아예 더 잘 해주는 것.

이 상황에서의 문제점은, 그 사람이 내가 말하는 것을 들었는지 안 들었는지가 확실하지 않다는 것이다. 그렇기 때문에 완전하게 괜찮다는 것이 확인되기 전까지는 초조함 속에서 보내야 한다. 실제로 정말 그렇게 시간을 보내다가 못 들었다는 확신이 생기는 경우도 있지만, 알 수 없는 일을 기다리며 전전긍긍하고 마음 졸이고 있을 바에는 홀가분하게 털어내는 것이 나을 수도 있다.

그래서, 가까운 사이였다면, 자연스럽게 자리를 마련해 이야기를 꺼내고 그것이 결코 나쁜 의도는 아니었음을 말하며 이해를 구하거나, 살짝 돌려서 관련 이야기를 화두로 삼다가 오해 없기를 바란다는 뉘앙스를 비칠 수 있다.

또, 적당한 거리의 사이였다면, 나는 당신을 싫어하지 않으며, 오히려 당신을 좋은 쪽으로 생각하고 있다는 분위기를 비치기 위해 평소보다 조금 더 상대방을 챙겨주는 모습을 보일 수 있다. 안 들었다면 안 들은 대로 다행인 채로 오히려 더 돈독해질 수도 있고, 들었다면 들은 대로 그래도 내가 나쁜 사람은 아닐 거라는 인상을 줄 수 있다.

그리고 어찌됐든 일이 무마가 된 후에는 두 번 다시는 타인의 이야기를 없는 자리에서 하지 않아야 할 것이다.

누구에게도 기대려 하지 않는 나

유난히 독립적인 사람들이 있다. 씩씩하고 야무지고 똑 부러진다. 주위에서 항상 그런 점을 칭찬한다. 그리고 차라리 그게 내 속이 편하다. 누구한테 맡기고 부탁하느니, 그냥 내가 좀 더 하고 말지, 잘 안 되더라도 그래도 그 편이 낫다.

그러다보니 내가 만든 내 이미지에 갇혀 이제는 어떻게 도움을 청해야 하는지, 뭐라 기대야 하는지도 잘 모르겠다.

이러한 이들은 나 자신에게 정해둔 기준이 매우 엄격

한 경우가 많다. 나의 약한 모습, 나의 흐트러진 모습을 남들에게 보이기 싫어하고, 타인에게 싫은 소리, 아쉬운 소리를 못한다.

한편으로는, 어차피 그런다고 해서 달라질 게 없을 거라 생각하기 때문에, 스스로 타인에 대한 기대를 포기해버린 경우다.

괜찮다. 조금 흐트러져도 괜찮고, 남들이 내 힘듦을 알아주지 못한다 해도 괜찮다. 말해서 변하는 게 없다 해도 괜찮다.

내 행위의 결과가 반드시 어떤 의미가 있어야 하는 건 아니다. 그리고 그렇게 한다 해서 내가 흐트러지는 것도 아니다. 그저 나의 이런 모습조차 있는 그대로 받아들이고 인정하는 과정일 뿐이다.

때로는 기대고 싶고, 때로는 나의 힘듦을 이야기하고 싶은 것도 나니까. 그런 나를 바라보는 것뿐이다.

이 시점에서 그런 고민을 한다는 것, 어쩌면 지금까지 나는 나를 있는 그대로 사랑하지 못하고 있는 것이었는지도 모른다. 이제는 그래야 할 때가 온 것인지도 모른다.

찾는 친구가 필요할 때만 자신이

학창 시절에는 한정되어 있는 공간에서 인간관계를 맺다 보니 대부분 그 안에서의 선택지가 많지 않다. 시간이 흘러 성인이 되어도, 당시의 친구들은 나의 어린 시절을 함께했고, 그 사이에 있는 여러 친구들, 그리고 오래된 유대감이 있다는 생각에 객관적인 판단이 흐려진다.

그래서 간혹 오래된 친구 사이를 보면 한쪽이 일방적인 배려를 하고, 한쪽은 배려를 받는 상황이 일어나는 일이 있다.

만약 서로가 유쾌하게 받아들인다면 상관이 없지만,

문제는 배려하는 쪽이 무시 받는다는 생각이 들 때다. 이 경우 나는 그들의 어장 친구일 가능성이 크다.

좋게 받아들이면, 친구가 정말 힘들 때 찾는 건 나야, 나는 누군가의 믿는 구석이야, 라고 생각할 수도 있다. 그렇지만 시간이 흐를수록 대부분 스스로가 느낀다. 내가 존중받지 못하고 있다는 것을 말이다.

그럼에도 마음 아파하고 아닐 거야, 라고 합리화하는 마음은, 그것을 인정했을 때 내가 건네준 배려와 진심이 상대방에게는 별 것 아닌 것들이 될까봐, 이 친구와 멀어지면 내 오랜 학창 시절 추억이 송두리째 부정당하는 기분이 들까봐 받아들이지 못하기 때문이다.

어차피 모든 인간관계에 정답은 없다. 모두 내가 만든 것들이고, 내가 스스로 선택한 관계들이다. 다만 한 가지 분명한 점은, 진정한 친구 사이라면 그러한 오해는 애초에 생기지 않았거나 잠시 생기더라도 금세 풀어질 수밖에 없다는 것이다.

나의 약점과 마주하기

가끔 친구들 사이에 있다 보면 내 자신이 초라하게 느껴질 때가 있다. 명품 옷, 비싼 가방, 좋은 화장품, 유행하는 아이템들을 서로 자랑하는데 나만 그 대화에 끼지 못할 때, 혹시나 나에게 질문이 올까봐 조마조마할 때가 있다. 누구에게나 있다.

대부분 그러한 점은 내가 생각하는 약점, 콤플렉스인 경우가 많다. 나의 부족한 면이 드러날까봐 초조한 것이다. 그런데 우리는 유명 연예인들이 브랜드가 없는 옷이나 가방을 매고 나오면 소탈하다며 오히려 칭찬을 한다. 그들도 크게 개의치 않는 모습이다. 오히려 팬들의 그러한 반응을 즐기는 듯하다. 내가 생각하는 약점은 누군가의 이미지 메이킹이 될 수도 있는 것이다.

따라서 약점이라는 것은 모두에게 적용되는 것이 아니다. 나의 약점은 대개 나의 마음가짐에서 나오며, 이를 어떻게 극복하느냐는, 내가 얼마나 내면을 단단히 다져두느냐에 달려 있다.

이제부터 우리는 약점에 초조해할 것이 아니라 떳떳해져야 한다. 당장 내가 바꿀 수 있는 것이 아니라면 그것에 대한 마음가짐을 바꿨을 때, 오히려 그 당당함에 그 누구도 그것을 약점이라 생각하지 않는다.

그러니 혹시나 스스로를 초라하게 여기고 있다면, 당신, 조금 더 자신감을 가져도 괜찮다. 조금 더 용기를 내도 괜찮다.

뒷담화를 한 사람이 되어버렸다 맞장구만 쳤을 뿐인데

우리가 인간관계에서 직접 겪기 전까지는 잘 모르는, 정말 조심해야 하는 원칙이 하나 있다.

타인의 뒷담화에 절대 동조하지 말 것.

대부분 누군가 뒷담화를 할 때, 그것에 동조를 하지 않으면 나만 착한 척하는 것처럼 보일까봐, 뒷담화를 하고 있는 사람이 민망해 할까봐, 라는 이유로 '그저' 맞장구만 쳤다고 말한다.

결과는 똑같다.

나는 그 자리에 없는 사람 이야기를 내 입으로 내뱉었고, 그 이야기는 언제라도 누군가의 귀에 들어갈 수 있게 되었다. 더욱이, 시간이 흐르고 그 이야기가 누군가의 귀에 들어갔을 때는, 이미 처음에 그 뒷담화를 운 띄운 사람보다 동조한 사람이 더 나쁜 사람으로 몰리게 된다.

왜냐하면, 운을 띄운 사람은 뒷담화의 대상과 언제라도 화해를 할 여지가 있지만, 애초에 싸운 것도 아니고 틀어진 것도 아니었던 나는, 화해할 명분이 없기 때문에 대비책도 없이, 화해한 그들 사이에서 혼자 바보가 되어 있다. 이는 인간관계에서 변하지 않는 법칙과도 같다.

가장 좋은 것은, 애초에 그 어떤 남 이야기에도 '절대' 동조하지 않는 것이고, 만약 이미 입장이 곤란해졌다면, 피해 당사자인 그 사람과 반드시 확실하게 오해를 풀어야 할 것이다. 그렇지 않으면, 나는 그 무리의 사람들에게 여전히 남 이야기를 하는 사람으로 기억에 남게 될지도 모른다.

어쨌든 오해를 받은 상황에서 명심해야 할 것은 단

하나. 조금 억울할 수는 있지만 분명 내가 한 행동이라는 것. 그 선택의 책임은 나의 몫이다.

섞이지 못하고 겉돌 때 자꾸만 친구들 무리에

친구들 무리에서 유난히 겉도는 사람이 있다. 그리고 이들 대다수는 스스로가 생각이 많은 편이라고 느낀다.

왜냐하면 이러한 감정은, 어떤 식으로든 처음 어느 한 무리에서의 어색함이나 이탈이 있고, 그 뒤 또 다른 무리에서도 누군가 나를 불편해하면 어쩌나 남들의 시선이 신경 쓰여 온갖 걱정이 밀려오고, 나아가서는 인간관계에 회의감이 드는 데에서 시작하기 때문이다.

그 시간들이 쌓일수록, 다들 잘 지내고 있는데 마치 나만 혼자 다른 세상에 살고 있는 것처럼, 자꾸만 나 혼자 이방인이 된 것처럼 느낀다. 그렇다면 이것을 해결할 수 있는 노력은 무엇이 있을까.

　제일 이상적인 것은, 늘 자신감 있는 모습으로 모든 친구들과 두루두루 어울리는 것이겠지만, 앞서 말한 것과 비슷한 성향이라면, 그 와중에도 마음 한 켠에는 여전히 늘 자신이 외톨이 같다는 마음을 지울 수가 없을 것이다.

　오히려 이 경우에는, 무리에 속하되, 그 무리에서든 다른 무리에서든 마음이 편안한 한 명의 단짝 친구가 있는 것이 훨씬 안정이 된다. 관계에 대해 회의감이 들 때는 여러 사람에게보다 일대일로 천천히 마음을 여는 것이 좋다. 당연히 나와 비슷한 마음을 지닌 친구가 있을 것이고, 내가 진심을 보인다면 상대방도 마음이 동할 것이다.

　이때 주의해야 할 것은 단 한 가지다. 절대 그 누구의 뒷담화도 하지 말 것. 누군가의 뒷담화 분위기에 동조하지 말 것. 점차 시간이 흘러감에 따라 그 모습들이 쌓여 다수의 친구들에게도 자연스럽게 신뢰를 안게 해줄 것이다.

건강한 질투

모두가 완벽한 삶을 살 수 없기에 우리는 늘 주위의 누군가의 삶을 부러워하며 살아간다. 지금 내가 가진 것보다 남의 좋은 것을 기준으로 삼기 때문이다. 결국 부러움과 시기, 질투라는 감정은 그 기준이 타인에게 맞춰져 있다는 의미이기도 하다. 그래서 어떤 면에서는 부러움 또한 당연한 감정이다. 누군가를 동경하는 것도 마찬가지다.

다만 이때 그 감정을 건강하게 가져가려면 우리는 부러움을 조금 객관적으로 바라볼 필요가 있다. 부러움의 대상인 그의 어떤 면이 부러운지, 그렇다면 그는 그

면을 어떻게 지니게 됐는지, 어떤 노력을 했고, 얼마나 시간을 들였는지를 들여다보는 것이다.

그리고 이렇게 바라본 뒤에는, 부러워함은 거기까지 하고, 이제 나 또한 누군가의 부러움이 되기 위해 노력하면 된다. 그가 행한 것처럼, 혹은 그 이상으로 말이다.

부러운 것은 당연한 감정이다. 중요한 것은 그 감정에 매몰되어 나를 잠식시켜 버릴 것이냐, 그것을 토대로 나도 더 내가 바라는 모습으로 나아갈 것이냐, 라는 것이다.

자존감을 높이는 것은 어렵지 않다. 감정에 마냥 매몰되어 있지 않으면 된다. 더 나은 나를 위해 나아가면 된다.

결벽증이 적용되지 않는다
인간관계에는

내 친한 친구가 내가 연락을 끊은 친구와 연락을 한다. 조금 기분이 상할 수는 있다. 그 연결고리 자체가 왠지 모르게 불편하니까. 내 친한 친구가 완전한 내 편이 아닌 것 같은 기분이 드니까.

그렇다면 반대로 생각해보자.

나는 A와 잘 지내고 있는데, 내 친한 친구가 A와 싸웠다고 한다. 나는 내 친한 친구와의 의리를 위해 A와 연락을 끊어야 할까? 나는 친한 친구와의 의리만 있고, A와의 의리는 없던 걸까. 난데없이 내 연락이 끊긴 A는 어떤 기분일까? 그렇게 타인에 의해 내 모든 관계를 정리하면 나에게 남는 것은 무엇이 있을까.

완벽한 사람이 존재하지 않듯, 인간관계에는 결벽증이 적용되지 않는다. 이 사실을 받아들이지 못한다면 결국 세상에는 나 혼자만 남게 될 것이다.

그리고 우리는 이러한 불편함을 겪으며 상대방을 이해해보려 노력하기도 하고, 내가 가진 생각과 기준의 틀을 허물어가며 그렇게 조금씩 어른이 되어 간다.

새로운 학기, 새로운 친구, 새로운 날들

익숙했던 자리, 익숙했던 얼굴들, 익숙했던 분위기가 아니다. 교실의 공기가 바뀌었다.

처음 보는 얼굴들, 마주하고 싶지 않았던 얼굴들, 반가운 얼굴들이 한 데 모여 있다.

나 혼자 동 떨어진 듯한 불안감,
친한 친구들끼리 붙은 이들에 대한 부러움,
앞으로 어떻게 적응해나가야 할까,
나 잘 지낼 수 있을까,
온갖 걱정이 밀려온다.

그래도 다행인 것은, 내가 하는 이러한 생각이 나만의 고민이 아니라는 것. 대부분의 친구들이 내색은 않지만 분명 같은 고민을 하고 있을 거라는 것.

몇 가지만 기억하면 된다.

누구에게도 뒷담화 하지 말 것.
친구에게 등급을 매기지 말 것.

그러면 적어도 내가 내 행동으로 인해 누군가와 틀어지는 일은 없을 것이다.

반드시 기억하길 바란다. 나는 나의 부모님의 자랑이며, 세상 누구보다 소중한 존재임을. 그리고 내 옆 자리의 친구 또한 그러한 존재임을. 이때까지 그래왔듯 올해가 마무리 될 때면, 언제 그랬냐는 듯싶을 정도로 우리는 분명 좋은 인연들이 될 것이라는 것을 말이다.

나를 싫어하는 사람은 왜 생길까

사회생활을 하다 보면 나와 잘 맞는 사람들도 있지만 가끔 나를 싫어하는 사람들도 보게 된다. 대부분의 사람들은 모두에게 사랑 받고 싶어 하기 때문에 그러한 상황을 견디기 힘들어한다. 그래서 자꾸만 그들 모두와 어떻게든 잘 지내보려고, 풀어보려고 노력한다.

혹시 이 글을 읽고 있는 여러분은 어떠한가. 모두와 잘 지내려고 하지는 않았는가. 우리가 한 가지 꼭 기억해야 할 것이 있다. 바로 나를 싫어하는 사람이 생긴다는 것이 이상한 일이 아니라는 것이다.

내가 만나는 사람이 많아질수록, 사회적으로 활동

범위가 넓어질수록, 다양한 사람들과의 접촉이 늘고, 불특정 다수에게 노출되는 일이 많아질수록 나를 싫어하는 사람들은 더 많아진다. 이것은 그저 당연한 일들이다. 조회수가 높은 글에 싫어요가 눌리고, 인기 많은 연예인들에게 악플이 달리고, 유명세를 치를수록 그들을 비방하는 세력 또한 함께 늘어난다.

개개인을 모두 만나 상황을 설명하고 친분을 쌓을 수 있는 것이 아니기에 어쩌면 그러한 상황 또한 당연하다. 그래서 나는 말하고 싶다. 당신을 싫어하는 사람이 생기는 것이 당신 탓이 아니라고.

만나는 사람들이 많아지면 많아질수록 그 안에는 다양한 사람들이 존재할 수밖에 없다. 나를 아끼는 사람들도 있지만 그렇지 않은 사람들도 있다. 그것은 결코 당신의 문제가 아니다.

따뜻한 마음 밝음 뒤에 감춘

지나치게 밝은 사람은 그 뒤에 보이지 않는 슬픔이 있다고 했다. 물론 그것이 꼭 슬픔이라는 의미보다는, 밝아 보인다고 해서 그 사람에게 모든 면에서 마냥 밝기를 기대해서는 안 된다는 의미로 받아들여야 할 것이다.

아무리 밝아 보이는 사람에게도 힘든 날도, 슬픈 날도, 조금 우울한 날도, 혼자 있고 싶은 날도 있다는 것을 이해해야 한다는 의미로 말이다.

대개 남들을 잘 챙겨주거나, 유독 배려하거나, 정이 많다고 말하는 사람들을 보면, 내가 받고 싶은 것을 다른 사람들에게 베푸는 경향이 많다. 그런데 막상, 나도 외롭다, 관심 받고 싶다, 챙겨 달라, 직접 말은 하지 못하고, 그저 상대방도 나와 같은 마음이려니 싶은 마음에서, 나는 그 마음을 이해하니 다른 사람들은 조금 덜 그랬으면, 조금 덜 외롭고, 조금 덜 우울했으면 하는 마음에서, 내가 받고 싶은 것을 베푼다.

매우 따뜻한 마음이다. 모두가 같은 마음은 아닐 수 있으나, 그래도 이는 분명 그 바탕은 타인을 배려할 줄 알고, 타인의 감정에 공감하려는 마음이다. 그러나 베풂은 어디까지나 내가 메마르지 않은 상태에서 할 수 있는 것이라야 아름답다. 내가 피 말라가면서 베풀다가는 그것이 지속되지 못하고 언젠가 탈이 난다.

친구들이 편하게 대하게끔 나를 조금 낮추고 또 웃음을 줬는데, 막상 돌아보면 혼자인 기분이 든다는 것은,

내가 분위기는 띄웠고,

그로 인해 그들은 더 가까워지고,

나는 그저 편안한 사람이 되었고,

나는 조금 뒷전이 되어도 되는 사람이 된 것 같은 기분이 들기 때문이다.

그리고 그 캐릭터의 굴레에 갇혀 이제는 싫은 내색, 우는 소리도 하지 못한다. 이제 와서 말하려 하면 친구들 입장에서는 내가 화를 내거나 정색을 한다고 느끼거나, 우리는 그런 생각을 하지도 않았는데 혼자 오버한다고 생각할지도 모른다.

이 경우, 그동안 만들어온 이미지가 있기 때문에 시간을 두고 천천히 자연스럽게 나의 변화를 보이는 것이 좋다. 그리고 이때는, 모임 전체일 때보다 친구들 개개인과 일대일로 진솔한 이야기를 나누거나, 그들을 개별적으로 챙겨주는 것이 훨씬 도움이 된다.

내가 힘들다를 비추는 것이 아니라, 내가 얼마나 좋은 사람인지, 옆에 두고 싶은 사람인지를 전하는 것이다. 그리고 그들이 나를 정말 하대했던 것이 아니라면, 사람에 대한 기본적인 감사와 존중이 있는 사람들이라면, 분명 그 진심을 알아줄 것이다.

제일 친했던 친구와의 멀어짐에 대처하는 법

학창 시절 제일 친하게 지내는 친구가 있고, 우리는 시간이 흘러 그 친구와 멀어지는 경험을 하기도 한다. 그리고 제일 친했다고 말하는 친구와 멀어질 때는, 생각지도 못한 골이 깊은 경우가 많다.

그래서 대개는 반이 달라지거나 학교를 졸업한 후 각자의 친구가 생긴 뒤, 한쪽에서 일방적으로 연락을 끊는 경우가 많고, 이때 상대방에게는, 나도 알지 못하는 불만, 혹은 불편한 관계가 지속됐을 가능성이 매우 크다. 풀어내고 털어내지 못한 채 그렇게, 친한 친구라 했지만 정작 상대방은 내가 그를 대하는 태도와 관계성이 싫어 더는 얽히고 싶지 않다고 느꼈을 가능성이 크다.

이때 내 입장에서는 좌절감이 들고, 이해할 수 없는 이 상황을 받아들이기 힘들다. 차라리 설명이나 해주면 좋으련만, 그저 답답하고, 그러다가 문득 괘씸한 마음도 든다.

난 이러한 상황에서는, 당장은 힘들더라도, 꽤 오랜 시간이 흐르기를 기다리라고 말한다. 내가 베스트 프렌드라고 생각했던 우정의 깊이만큼 우리는 오해의 골이 깊어졌고, 대개 이것은 시간이 흘러 자연스럽게 '우리가 그때 왜 그랬나' 싶은 생각이 들 때, 그때라야 풀어진다. '무슨 일이 있었던가' 싶은 그때라야 말이다.

지금의 내 초조함이나 답답함으로 인한 대화 시도나 명분 없는 사과는 자칫 상대방에게 오히려 강압이 될 수 있다.

시간이 흐르면 누구나 알게 된다. 지나간 시간을 함께 공유할 사람이 있다는 것이, 그 존재 자체가 얼마나 소중하고 감사한지를 말이다. 그리고 그때까지 우리는 상대방의 상처가 아물기를 기다릴 수 있어야 한다. 우리는 때로는 각자의 상황과 입장이 있음을 이해할 수 있어야 한다.

너무 지루해요 반복되는 일상이

가끔 그럴 때가 있다. 단조로운 일상이 지겨울 때, 매일 똑같은 어제가 반복되는 기분일 때. 그럴 때 많은 사람들은 하루가 무의미하다고 느낀다. 그리고 뭔가 새롭고 자극적인 것만이 삶을 살아가는 거창한 무언가가 될 것이라 기대하고, 그러한 것들에 환상을 품기도 한다. 그러한 삶을 살아가는 듯한 남들을 동경하고 부러워하면서 말이다.

그런데 진짜 중요한 것은, 자신의 꿈을 발견하는 진짜 힘은, 오늘을 살아가는 데에서 나온다는 것이다. 그것이 꼭 특별하고 새로운 하루여야 가능한 것들이 아니다. 어제와 같은 오늘이 쌓여 내일이 된다. 그 하루하루들이 모여 5년 뒤, 10년 뒤의 내 모습을 이룬다.

지금 보내고 있는 이 순간이, 지금 내 옆에 있는 그 사람이 얼마나 소중하고 귀한지를 알 때 원하는 내일이 펼쳐진다. 그것이 당신이 자신의 꿈을 찾고, 또 그것을 이루어가는 과정이 된다.

반복되는 일상이 지루하다고? 지금 이 순간을 살고 있지 않기 때문일지도 모른다.

상처 주는 친구 한 번씩 내게 다 좋은데,

그런 친구들이 있다. 평소에는 잘 지내는가 싶다가도 한 번씩 불편한 말들로 기분을 상하게 하는 친구. 좋게 표현하자면 나를 너무 편안하게 생각해서, 조금 솔직하게 표현하자면 나를 무시하거나 막 대한다는 느낌이 드는 경우다.

내가 너무 맞춰줬나? 내가 만만한가? 문득문득 이런 생각이 들게 하는, 나에 대한 사소한 배려가 부족한 모습들. 그리고 그러한 모습을 유독 내게만 내비친다고 느낀다면, 대개는 그 느낌이 맞다.

그렇다고 직접 말을 하자니 막상 그 순간에는 편안함

과 불쾌함의 경계에서 제대로 판단하지 못하고, 시간이 지난 뒤에는 이미 지나간 작은 일들을 끄집어내는 것이 너무 치졸하게 느껴져 망설인다. 왜냐하면, 문제는 그것이 '항상'이 아니라는 것. '다 좋은데'라는 전제가 있다는 것 때문이다.

모든 관계는 100% 만족스러울 수 없다. 그렇기 때문에 현실적으로는 불편함을 느낄 때마다 관계를 모조리 끊어낼 수도 없는 노릇이다. 그랬다가는 내 주위에는 아무도 남지 않을 테니까.

그러나 당신은, 불쾌하다는 표현을 반드시 한 번 이상은 해야 한다. 그렇지 않으면 나중에 혹시나 어떤 식으로든 연락이 끊어졌을 때, 못 참고 화를 낼 때, 상대방 입장에서는 잘 지내다가 갑자기 알 수 없는 이유로 잠수를 타거나 난리를 치는 이상한 사람이 될 수 있다.

또한 그러한 상황의 패턴이 찾아왔을 때 기분 나쁘다는 표현을 하되, 절대 감정적으로 욱해서 예전 일들까지 꺼내서는 안 된다. 이는 결국 폭발해버리는 것과 같아서, 오히려 뒤돌아서서 내 마음이 더 불편해질 수 있다. 그저 지나가는 듯 무심하게, 그러나 단호하게 싫다는 의사 표현을 하는 것으로 충분하다.

그럼에도 계속 반복된다면, 아무리 좋은 면들이 있어도 만남 자체가 스트레스가 되어버린다면, 그때는 한동안 함께하는 자리를 만들지 않는 것이, 조금 떨어져 있는 시간을 보내는 것이 방법이 될 수 있다.

꼭 기억하길 바란다. 인간관계에서, 연락을 끊어버리는 것만이 결코 능사는 아니라는 것을 말이다.

걱정하는 당신
나를 싫어할까 봐
주변 사람들이

관계에 대한 어려움 중 많은 사람들이 수시로 느끼는 고민은 아마도 '눈치 보기'일 것이다. 함께 웃으며 잘 지내고 있다가도, 혹시나 이 사람들이 나를 떠나지는 않을까, 나를 싫어하게 되는 것은 아닐까를 걱정하며 더 밝게 보이려고, 더 맞춰주려고 애를 쓴다.

그렇게 해서 남는 것은 무엇일까. 내 주위 사람들이 내가 언제나 전전긍긍하며 붙잡고 있는 사람들이어야 한다면, 과연 제대로 된 관계라 할 수 있을까. 어쩌면 그들의 진심을 오히려 내가 곡해하고 있는 것은 아닐까.

그것이 과거에 상처 입은 기억 때문이든, 정서적인 불안정 때문이든, 결국 내가 선택하고 내가 만든 관계다. 나와 내 주변 사람들. 눈치 보는 나와 눈치 본 덕분에 유지하는 내 주변 사람들. 우리의 인생 전체를 100년이라고 바라볼 때 남은 시간들을 계속 그런 관계로, 그런 나의 모습으로 지내고 싶은가.

그것이 아니라면 이제는 조금 더 나답게 살아야 할 것이다. 조금 더 자유롭게, 그러한 모습을 내려놓은 나를 좋아하고, 가장 편안한 때의 나와 맞는 사람들과 관계를 이어가야 할 것이다.

어쩌면 당신은 당신의 진짜 모습을 모르고 있는 것일지도 모른다. 무리 속에 어울려야 안정감을 찾는 사람이 혼자 있는 시간을 힘들어하듯, 내향적인 사람이 과하게 활발한 척하고 있었다면 분명 불편한 옷이었을 것이다.

이제라도 가장 나다운 모습으로 내가 가장 행복한 순간을 찾아야 한다. 그것이 내가 나를 사랑하는 가장 쉬운 방법이다.

오해, 풀어야 할까 말아야 할까

친구와 오해가 생겼다. 그것도 내 입장에서는 무척이나 억울한 상황. 이 상황을 풀어야 할까 말아야 할까. 만약 풀려고 한다면 풀리기는 할까.

이때, 풀 수 있을까의 여부나, 오해의 원인이 그와 나의 다른 성향 때문이었다거나 하는 사실들은 그리 중요하지 않다. 가장 먼저 들여다봐야 하는 건, 지금 내가 그로 인해 마음이 불편하다는 것, 그냥 이대로 두자니 계속 신경 쓰인다는 것. 그것뿐이다.

그렇기 때문에 그 사이에 생긴 오해는, 더는 고민하지 말고 가능하다면 **빠른** 시일에 풀기를 바란다. 그것에 사로잡혀 있는 나를 내려놓기 위해 지금 내가 할 수 있는 최선의 노력을 다하는 것. 우리에게 중요한 건 그것이다.

그리고 결과는, 내 손을 떠난 일이다. 그렇지만 나는 노력했기 때문에 그것으로 됐다. 우리가 오해를 풀려는 노력을 하고, 먼저 한 번은 손 내미는 이유. 그가 아닌 나를 위해서다. 내 마음이 편하기 위해서.

불편해질 때가 있다
나에게 잘해주는 친구가

꽤 드물기는 하나, 친구가 내게 잘해주는데도 불편한 감정이 드는 경우가 있다. 바로 그 친절이 과하다고 느껴질 때다. 그리고 이 감정을 느끼는 이들 대부분은, 자신의 삶에서 나름대로 힘든 시기를 겪은 다음인 경우가 많다.

사람은 때로는 혼자 있고 싶을 때가 있다. 그리고 나아가, 나의 상처를, 나의 아픔을 모르는 사람과 지내는 것이 더 편할 때가 있다. 힘든 상황이라고 너무 과하게 챙겨주고, 자꾸만 괜찮냐고 묻고, 내 기분을 맞춰주려 하는 친구의 태도가, 나를 위한 행동임을 알고 있음에도, 오히려 자꾸만 그 기억을 떠오르게 할 수도 있다. 그리고 그것을 의식하고 행동하는 친구가 점점 불편하게 느껴질 수 있다.

분명 그것이 정답은 아니지만, 친구 사이에서도 때로는 모른 척해주는, 아무렇지 않은 것처럼, 아무 일도 없는 것처럼 대해주는 것이 더 편할 때가 있다, 더 고마울 때가 있다.

그리고 친구의 태도가 진심으로 나를 위해서 하는 행동이라면, 그 관계를 불편하다 느끼고 있을 것이 아니라, 한 번쯤 진지하게 이야기를 나누는 시간이 필요할 것이다. 친구에게 감사한 마음을 안고서 말이다.

빠져나오는 마법의 말
단톡방에서 욕 안 먹고

어느 순간부터 우리는 단체 채팅방이라는 창살 없는 감옥에 갇혀 있다. 알림을 꺼두었다고는 해도, 수시로 채워지는 채팅창의 대화 숫자는 여간 신경 쓰이는 일이 아니다.

그렇다고 채팅방에서 그냥 나오자니 남아 있는 사람들이 뒷말을 할까 조심스럽다. 어떤 말을 남기고 나와야 뒷말이 없을까. 적절한 말이 있을까.

이에 가장 적절한, 단체 채팅방의 성향이나 분위기에 크게 구애받지 않는 말이 하나 있다.

요즘 일이 조금 바빠서,

지금 배터리 소모가 커서,

작업량이 많아서,

갑작스럽게 챙길 일이 생겨서,

등등.

앞 이유는 그리 중요하지 않다. 이제 그 다음 나오는 말.

'(그래서) 잠시 나갔다 올게요'

지금 나가는 이유가 이 단체 채팅방 때문이 아니라는 것. 그리고 나가 있는 것이 영원히가 아닌 한시적이라는 암묵적인 암시, 금방 돌아오겠다는 가벼운 뉘앙스.

어차피 나에 대해 뒷말을 할 사람은 하고, 하지 않을 사람은 안 한다. 그렇기에 내가 할 수 있는 최선은 단 하나다. 내가 직접적인 빌미를 주지 않는 것. 그들에 동조할 다른 사람들까지 오해할 만한 상황을 만들지 않기 위해 최소한의 노력을 하는 것. 그래서 아쉬운 마음을 뒤로 하고 잠시 나갔다 온다고 말하는 것.

내가 할 수 있는 노력은 여기까지다. 나머지는 그들의 선택이다.

친구가 있다면 나를 깎아내리는 애인 앞에서

간혹 그런 경우가 있다. 내 연인을 소개하거나 함께 어울리는 자리에서 나를 깎아내리는 말을 하는 친구. 내 애인 앞에서 말이다. 거두절미 하고, 나는 감히, 이러한 관계는 가급적 멀리하라고 말하고 싶다. 그 이유는, 상대방의 나에 대한 배려 없음이 극에 달했기 때문이다.

그러한 친구에게 털어놓는 나의 비밀은 언제라도 새어나갈 수 있으며, 그 친구가 알고 있는 나의 치부는 언제라도 약점이 되어 얽매이게 될 수 있다. 그 친구에게 나의 고민은 그저 가십거리일 뿐이며, 항상 내가 자신보다 못 나가기를 바라는, 나의 행복을 진심으로 축하

하지 못할 친구일 수 있다.

진심으로 아끼는 친구끼리도 문득문득 부러움이 생기기 마련이다. 그러나 대부분은 그 부러움이 질투가 될까 친구에게 미안한 마음에 드러내지 않는다.

얼굴이 화끈거릴 수 있는 감정들을 언행으로 표출해 낸다는 건, 그것도 나의 연인 앞에서, 심지어 나의 불편함을 아랑곳하지 않는다는 건, 평소 아무리 친하게 지냈다 한들, 무의식중에는, 혹은 언제나 나를 그 정도로 생각하고 있다는 의미일지도 모른다.

이제라도 알게 됐다면 오히려 다행이다. 더 오랜 시간 내 사적인 영역을 보이지 않게 돼서, 더 깊은 내 속마음을 털어놓지 않을 수 있게 돼서, 더 많은 인간관계가 엮이지 않게 돼서 말이다.

사람들 사이에 오해가 생기는 이유

우리가 관계에 어려움을 느끼는 이유는, 그것이 크게 벗어날 수 없는 상황에서 일어나기 때문이다. 학교, 직장, 이웃이 특히 그렇다.

매일 등교하고,

매일 출근하고,

매일 동네에서 마주쳐야 한다.

이때 오해라는 단어만큼 불편한 것이 없다. 내 의도가 상대방에게 잘못 표현됐거나 내 의도와 다르게 상대방이 받아들인 경우, 혹은 중간에 누군가의 개입으로 인한 상황 등이 있다. 어찌됐건 이미 오해가 생겼고, 서로 껄끄러워진 상태라면 그것에 대해 고민을 할 수밖에 없다. 어떻게 이 상황을 풀어갈 것인가를 말이다.

이때 상황은 세 가지로 받아들일 수 있다.

첫째는 정말 순수하게 오해에서 비롯된 상황,

둘째는 이미 그렇게 생각하기로 작정하고 그들에게 타깃이 필요했던 상황,

셋째는 나도 모르게 정말 스스로 오해를 만들고 있는 상황이다.

첫 번째는 대화로 풀 수 있다. 자리만 마련된다면 서로의 마음을 허심탄회하게 털어놓고 오해를 풀 수 있다. 그저 생각이 잘못 전달됐던 것이기 때문에 그 부분만 바로잡으면 실타래는 금세 풀린다.

두 번째의 경우는 조금 다르다. 내가 아무리 애를 쓰고 풀려고 노력해도 상대방은 받아들이지 않는다. 심지어 그럴수록 자칫 나를 더 우습게 볼 수도 있다. 이 경우에는 이미 나를 그런 사람으로 낙인찍고 자신들의 희생양 삼아 만만히 보고 있기 때문에 그 사람들에게 잘 보이려 애쓰고 오해를 풀려는 노력이 허무해질 수 있다.

무리 중 누군가는 나를 안타깝게 여기고 누군가 하나는 조금 챙겨주려 할지 몰라도, 중심 인물의 마음이 돌아서지 않는 이상 그 관계는 크게 변하지 않는다. 오히려 그 무리에서 이탈하거나 중심 인물 무리에 덜 섞여 있는 다른 사람들과 어울리는 선택이 나을 수도 있다.

그리고 내가 그 주변 사람들에게 진심을 다하는 모습을 보인다면 어떤 식으로든 나에 대한 이야기와 평가는 새롭게 쌓이게 되고, 그렇게 나에 대해 편견이 없는 이들과의 새로운 관계를 통해 점차 넓혀갈 수 있다.

세 번째는 또 다르다. 만약 내가 가는 곳마다 오해가 생기거나, 규모의 차이는 있지만 속한 무리마다 자꾸 내게 트러블이 생긴다면, 나의 불안정한 마음이 실제로 문제를 일으켰을 수도 있다. 이때는 한 번 더 나의 주위의 관계와 내가 사랑하는 사람들을 대하는 방식을 돌아보는 시간이 필요할 것이다.

우리는 모두와 함께할 수 없다

우리는 만남의 시간이 지속될수록 오래된 인연의 소중함을 느낀다. 그렇다고 해서 모든 사람과 평생을 지속하는 관계가 이어지는 것은 아니다. 누군가와는 일 년에 한 번 연락할까 말까 하기도 하고, 누군가와는 매일같이 농담하며 어울리고, 또 누군가와는 사이가 소원해져 어색해지기도 한다. 그러다 보면, 친했던 사이인데 어느 순간 사이가 틀어지거나 불편해지는 일들도 있다.

예전에는 나도 모든 관계를 다 좋게만 이어가고 싶어 했다. 그래서 모든 불편함을 풀어내려고 노력했다. 그런데 어느 순간 느낀 것이 있다. 어차피 '모두'와 함께할 수는 없다는 것이다.

대부분은 내가 관계를 풀려고 하면 할수록 더 틀어지거나 이상해진다. 과거에 친했던 사이일수록, 오래된 인연일수록 어디서부터 잘못된 관계인지를 알지 못하기 때문에 무엇이 문제인지 누구의 잘못인지도 알 수가 없다. 그러면서 내려놓음이 무엇인지를 배웠다.

모든 것을 안고 갈 수 없다면 몇 가지는 내려놓는 것이 방법이 된다. 물론 내가 그 관계에 최선을 다했다는 전제가 있다면 말이다.

내가 들 수조차 없는 무게를 감당하려고 애쓸 바에는, 지금 내 옆에 있는 소중한 사람들에게 더 많은 사랑을 전해주고, 그와 같은 실수가 또 없도록 하는 것이 더 나은 방법이 될지도 모른다.

2부
너의 마음을 읽는다

그 사람의 빈자리일까,
그 사람일까,
내가 그리운 것은

🌀

사랑하는 연인과의 이별. 우리가 그것을 두려워하는 이유는 이후에 밀려오는 공허함 때문이다.

   나에 대해 가장 많은 것을 알고 있던 사람,
   내가 가장 편안하게 대할 수 있던,
   나의 가장 솔직한 모습을 알던 유일한 사람.

   그런 존재가 사라진다면 당연히 슬프고, 받아들이기 겁이 날 수밖에 없다. 그러니 그 감정은 당연하다. 그리고 그것은 그가 가고 난 곳에 남은, 비어버린 그의 흔적 때문이다.

내가 너에게 쏟은 마음의 크기와 네가 나에게 전해준 사랑의 의미만큼, 빈자리는 깊이 패여 있다.

그 흔적은 사람에 따라 아주 오래도록 남아 있을 수도,

바쁜 일상에 치여 잠시 잊고 지낼 수도,

새로운 사람의 더 깊은 흔적으로 아예 사라져버릴 수도 있다.

중요한 것은 이별 후에 그 흔적을 바라보고 있지 않는 것. 그 흔적의 깊이에 두려움을 느끼지 않는 것.

그 흔적은 사실, 나의 감정이기 때문이다.

내가 더 좋아하는 사랑이 힘든 이유

연애에 대한 이야기 가운데, 더 많이 사랑하는 쪽이 진다고 했던가. 조금 덜 사랑해야 적당히 밀당도 하고 연애도 잘 할 수 있다면서 말이다. 더 사랑하고, 덜 사랑하고. 그런데 연애를 하며 이를 계산하고 신경 쓸 수 있는 사람이 얼마나 될까.

그러나 확실한 건 있다. 우리는 내가 사랑 받고 있는가 아닌가를 느낄 수 있다는 것이다. 그리고 내가 더 많이 좋아하는 연애가 힘든 이유는, 상대방의 표현이 내 사랑의 기대치에 미치지 못하기 때문이다.

내가 이만큼 좋아하니까,
내가 이만큼 잘해주니까,
나는 이만큼 너를 사랑하는데,
내 사랑의 크기는 이만한데,

너도 같은 마음이었으면 좋겠어,
너도 같은 크기의 사랑을 보여주길 바라,
내 눈에는 네 사랑은 내 것보다 작아,
너는 나보다 사랑을 덜 주고 있어,
거봐, 역시 내가 더 많이 사랑하잖아,
내 사랑이 더 크잖아,
나는 사랑을 못 받고 있어,
나는 행복하지 않아,
사랑을 하는데도 외로워,
불행해.

이것이 감정의 흐름이다. 상대방이 나와 같기를 기대하는 것. 그 순간부터 부족함이 눈에 들어오기 시작한다. 무엇보다 그러한 연인들을 보면 실제로 그 상대방이 내게 마음이 없는 경우가 대부분이다. 어쨌든 어느 쪽이든 내 사랑의 갈증이 채워지지 않는다는 것은 변함이 없다.

그렇다면 이제 선택할 수 있다. 그저 내가 좋아서, 내가 주고 싶은 만큼 표현하고, 상대방에게 실망하지 않는 것.

그리고 또 하나. 나의 사랑과 배려에 감사할 줄 알고 진심을 알아줄 수 있는 좋은 사람을 만나는 것을 말이다.

어떤 의미였을까
나는 너에게
이별 후 당신에게 ❶

헤어짐을 통보 받는 순간, 우리는 여러 생각에 사로잡힌다.

    우리의 추억은?
    우리의 시간은?
    주고받았던 사랑의 속삭임들은?
    지난날의 설렘은?
    함께했던 약속들은?

    그 모든 것들이 부정당하는 기분. 내가 해왔던, 우리

가 지냈던 그 시간들이 한순간에 아무런 의미가 없어지는 기분. 그리고 그 안에서 다시금 어떻게든 의미를 찾으려고 애쓴다. 그리고 이별의 이유를 이해하려고 애쓴다.

그래야, 우리의 지난 시간들이 헛된 것이 아니었을 거라는 일말의 미련에. 그래도, 나를 위한 마음만큼은 진심이었을 거라고 자기 위로하고 싶은 마음에.

그 고민에 대한 답을 내린다면, 다음과 같다.

나와 만나는 지난 시간 너는 진심이었을 것이고, 이별을 고한 지금도 진심일 것이다.

이별이 찾아온 지금, 우리의 의미는 그 이상도 그 이하도 아니다.

신경 쓰일 때 내 애인의 직업이 이성들과 많이 만나는

가끔 연인의 입장에서 바라보기에 유독 신경이 쓰이는 직업군이 있다. 이성들을 특히 더 많이 만나는 직업. 그러면서도, 일대일로 시간을 보내야 하거나, 속 깊은 이야기를 나누거나, 스킨십이나, 노출이 있는 직업이 그렇다.

정작 나의 연인과 만나는 직원들, 고객들, 회원들은 아무런 생각이 없다 해도, 괜히 나는 신경 쓰인다. 당연하다. 신경 쓰이는 것도, 썩 유쾌하지 않은 감정이 드는 것도 모두. 그렇지만 중요한 것은, 연인의 직업이 바뀌지 않는 이상, 내가 아무리 신경 쓴다고 해도 달라지는 것은 없다는 점이다.

실제로 추파를 던지고 다녀서 문제가 되는 타입은, 연애 초창기에는 나의 구속으로 일시적으로는 잠잠한 듯 보일 수 있으나, 금세 다시 본래의 성향으로 돌아간다.

그저 성실히 일하는 프로페셔널한 타입은, 오히려 나의 그러한 구속이 부담되어 일을 할 때 위축되고, 업무에 지장이 생겨, 나와의 만남을 심각하게 고민하게 될 것이다.

어느 쪽이든 결과는 같다. 이미 시작된 나의 의심과 불편함은 사라지지 않는다는 것.

물론, 연인 사이인 만큼, 상대방 또한 내 연인이 신경 쓰지 않도록 노력하는 모습을 반드시 보여야 할 것이며, 선을 지키는 것에 대한 약속도 분명 필요하다. 그러나 핵심은, 상대방이 바뀌기를 기대할 것이 아니라, 그의 직업을 직업으로서 먼저 존중하는 것. 그러한 직업을 가진 내 연인을 선택한 것은 나니까.

만약, 이 때문에 직업도 바꾸고, 모든 것을 나에게 맞추길 바라는 것, 혹은 그 이상은 그저 내 욕심일 수 있다.

부모님 때문에 멀어진 연인 사이

연애는 둘만의 관계라고 생각을 하지만, 의외로 많은 관계가 얽히기도 한다. 특히 각 집안 문제가 그렇다. 그래서 부모님의 반대로 사이가 멀어지거나 결국 헤어지는 연인들이 의외로 왕왕 있다.

대부분의 연인들이 감정에 불이 붙었을 때는 객관적인 판단력이 흐려져서 주위의 의견을 잘 수용하지 못하는 경우가 많다. 심지어 반대 의견이 있을수록, 우리는 다르다며 진정한 사랑이라 느껴 더 불타오르기까지 한다.

따라서 상황에 따라 우선 부모님이 왜 반대하시는지

를 봐야 한다. 물론 그렇다 해도 납득하기 어려운 이유가 대부분이다. 자녀들의 입장에서는, 부모님은 부모님이 살아오신 때의 사회적 시선과 경험에 의거한 판단을 한다고 여겨, 그것이 꼭 지금의 내게 적용되는 것은 아니라고 생각하기 때문이다.

이때 우리가 선택할 수 있는 것은 두 가지다. 그것을 따르느냐, 혹은 거스르느냐. 만약 여기에 하나가 더 있다면 어떻게 설득하느냐 정도일 것이다.

우선, 제일 먼저 살펴봐야 할 것은 현재 나의 위치와 상황이 부모님께 얼마만큼 의존하고 있느냐이다.

만약 내가 성인이 되어서도 독립하지 않고 여전히 부모님 집에 머물며 숙식을 해결하고 있거나, 어떤 식으로든 도움과 지원을 받고 있다면, 부모님의 뜻을 거스르는 것이 과연 맞는 것인지 생각해볼 필요가 있다. 이 상황에서 용돈을 드리는 것은 그리 합리화가 되지 않는다.

부모님은 여전히 내가 아이처럼 느껴져 당신들의 경험에 비추어 내 자녀가 더 나은 선택을 하기를 바랄 것이고, 여러 가지를 뜻대로 하고자 할 수 있다.

이때 당신은 특별히 이를 거스를 명분이 없다. 나는 여전히 독립하지 못했고, 정신적이든 물질적이든 부모님께 의존하고 있기 때문이다. 물론 그것이 부모가 자식을 마음대로 해도 된다는 의미는 아니다.

만약 내가 내 뜻대로 강경하게 밀어붙이거나 부모님의 의견에 반하는 선택을 하고 싶다면 당연히 내가 모든 면에서 독립된, 성인으로서 사회 구성원으로서 떳떳한 입장이 되었을 때다. 그리고 그러한 상황에서 연인이 서로 같은 의견일 때는, 충분히 원하는 대로 선택을 해도 괜찮을 것이다. 그 선택의 결과와 책임은 이제 오롯이 그 둘의 것이 되기 때문이다.

또한 이 상황에서 한 가지 더 기억해야 할 것이 있다. 만약 당신의 선택의 결과가 예기치 못한 형태를 띤다 하더라도, 당신이 돌아올 곳이 필요할 때, 당신의 부모님은 언제든지 당신을 받아줄 것이라는 점. 그것이 부모고, 가족이다.

그러니 어떤 선택을 하든 절대 내가 사랑하는 사람들, 그 누구도 원망의 대상이 되어서는 안 된다.

더 힘이 든다 잊으려 할수록

사랑이 참 많이 아프다고, 참 힘들다고 느끼는 때는, 한때 미치도록 사랑했던 이와 이별을 해야 할 때다. 더욱이 그것이 자의에 의한 것이 아니라면 말이다. 아무리 유예 기간이 있었다 한들, 결국 진짜 남이 되는 날은 누구라도 아플 수밖에 없다.

   나를 가장 잘 아는 사람,
   세상에 단 하나 내가 믿었던 존재,
   유일하게 마음을 터놓았던,
   가장 가까웠던,

항상 내 옆에 있던 그 사람의 빈자리를 느껴야 할 때, 우리는 심장이 찢기는 공허함을 느낀다.

그래서 많은 이들이 그 시기의 공허함을 못 이겨, 혹은 그 아픔에 치여 현실을 외면하고자, 당장의 이 시기를 흘려보내고자 억지로 잊기 위해 노력한다.

그런데 이미 당신은 알고 있다. 잊으려 하면 할수록 더 힘이 든다는 것을. 정말 잊고 싶다면, 정말 이 시기를 흘려보내고 싶다면, 우리는 그 어떤 것에도 의미를 부여하지 말아야 한다.

추억의 장소에 가게 되었든,
남아 있는 물건을 발견하든,
우연히 예전 메시지와 사진을 보든,
하물며 꿈에 나오든,
그 시절의 감정에 다시 취해보려 할 필요도, 그렇다고 애써 잊으려 할 필요도 없다. 이러한 우연이 무슨 의미일까를 찾아내려 할 필요도 없다. 우리는 한때 만났고, 지금은 이별했다. 과거의 내 삶에 네가 존재했고, 지금은 존재하지 않는다.

지금 우리에게 남은 것은 그것뿐이다.

상대방의 마음이 변할까 두렵다면

연애를 하다 보면 마냥 행복한 순간만 있는 것은 아니다. 사랑, 기쁨, 설렘, 연민, 분노, 질투 등 여러 감정들이 복합적으로 들고, 행복 안에서도 이 행복이 깨지지는 않을까 불안함을 느끼기도 한다.

이때 전제는 다들 비슷하다.

네가 나를 진심으로 사랑하는 건 아는데,
나는 너를 믿는데,
물론 네가 그럴 사람은 아닌데,

네가 아닌 주변 사람들이 불안해서,
네가 외로움을 타는 타입이어서,
나와 떨어져 있는 시간이 생겨서,
우리가 장거리 연애라서,
자주 얼굴을 볼 수 있는 상황이 아니어서,
너의 업무 특성상 어쩔 수 없이.

너는 결코 그럴 사람이 아닌데, 이런저런 이유로, 너도 사람이다 보니 혹시 흔들릴까 싶어서, 라는 것이다. 이러한 걱정 가운데 환경이나 상황을 바꿀 수 있는 것이 아니라면, 실상 내 노력으로 바뀌는 건 아무것도 없다.

필요한 것은 서로 간에 믿음의 대화를 나누는 것. 또한 더욱 돈독해지기 위해 연인으로서 필요한 노력은 반드시 하되, 나의 불안감을 상대방에게 솔직하게 털어놓고, 상대방의 생각과 마음이 어떠한지를 들었다면, 그리고 우리 사이를 대하는 태도에 대한 진심을 느꼈다면, 이제는 믿어야 한다.

모든 연인이 24시간 붙어 있을 수 없기에, 내 눈으로 지켜보고 있을 수만은 없기에, 또한 설령 그렇다 한들 그것이 마냥 좋은 것만도 아니기에, 내가 할 수 있는 선을 넘어선 순간부터, 상황에 대한 변수를 어찌할 수 없는 순간부터는, 나의 연인을 믿어야 한다.

그 믿음이 우리를 더욱 견고하게 해줄 것이고, 이후 만약 우려했던 결과가 일어난다 해도 그것은 처음부터 내가 바꿀 수 있던 것이 아니고, 결코 내 잘못도 아님을 기억해야 한다.

서로 다른 이성관을 가진 커플

전 연인과 친구로 지내는 사람, 이성 친구들이 주위에 가득한 사람, 그리고 그런 사람과 연애하는 나. 우리는 서로 다른 이성관을 가진 커플. 결론부터 이야기하면, 둘 다 불행하다. 그리고 이성관이 조금 '덜' 프리한 쪽이 조금 '더' 힘들어한다.

왜냐하면, 정답이 없는 일에 대해서는 설득을 당하는 쪽보다 설득을 해야 하는 쪽이 더 힘이 드는데, 항상 설득을 하는 쪽은 이성관이 '덜' 프리한 쪽이기 때문이다.

문제는 그 다음이다. 이 사람과는 그 문제만 빼면 다 좋은데, 라는 생각이 드는 것. 대부분 그 작은 불씨 하나가 모든 일의 시발점이 된다.

내가 몰랐다면 둘은 계속 연락하고 지냈을까,
지금도 혹시 몰래 연락하는 건 아닐까.

어떻게든 내가 다 알고 있어야 뿌리를 뽑을 수 있을 거라는 그 생각이 끊임없이 나를 더 바닥으로 끌어내린다. 그리고 내가 속 좁은 사람이고, 내가 의심병이고, 내가 지난 이야기를 자꾸만 끄집어내는 자존감 낮은 사람이 되어버린다.
여전히 마음 졸이고 있는 그대에게 묻고 싶다.

'그래서 지금 행복한가요?'

잊지 말아야 한다. 우리는 더 많이 행복하기 위해 연애를 한다. 더 많이 사랑하고, 더 많이 사랑 받기 위해서.

전 연인의 SNS에 로그인하는 이유

연인 사이가 되면서부터 특별함의 상징이라 여기는 것이 하나 있다면, 바로 비밀번호 공유. 서로에게 숨기는 것이 없음, 거짓이 없음, 너에게는 모든 것을 오픈하겠다는 암묵적인 약속이다. 아예 둘만의 비밀 계정을 따로 만들거나, 각자의 비밀번호를 공유하는 경우가 꽤 있다.

이는 만나는 동안에도 종종 문제가 되지만, 헤어진 후에도 문제가 된다. 상대방이 비밀번호를 바꿨을까 안 바꿨을까에 각자의 의미를 부여하고 들여다보게 되는 것.

이별을 고한 쪽은, 약간의 반신반의함에 들어가 보며 바뀌지 않은 비밀번호에, 아직도 상대방이 나에 대한 미련을, 마음을, 놓지 못했다는 사실에 묘한 안도감과 우월감을 느끼고,

이별을 당한 쪽은, 아직 우리 사이의 연결고리가 남았다는 생각에, 혹시나 하는 기대감에, 자꾸만 비밀번호가 예전과 변함이 없는지를 확인한다.

어느 쪽도 그리 건강한 이별의 상황은 아니다. 그저, 둘 다 '변화'를 제대로 받아들이지 못한 것뿐이다. 이 또한 과정이기는 하나, 상대방의 행동에 의미를 부여하는 것은 나의 희망사항일 뿐, 그의 의도가 항상 나의 바람과 같지 않을 수 있음을 기억해야 한다.

내가 할 수 있는 데까지 해보는 것은 자유지만, 굳이 한 가지 선택을 해야 한다면, 부디 잠시의 변화를 받아들이지 못한 상대방의 접속에 그리 연연하지 말기를. 변경되지 않은 비밀번호에 그리 의미 부여하지 말기를. 이제 각자의 삶을 위해 놓아주기를.

다시 연락해도 될까
시간이 흘러 이별 후 당신에게 ②

우리 한때는 너무 좋았는데,
나는 아직 너를 놓을 준비가 안 됐는데,
나의 어떤 면이 잘못이었던 걸까,
내가 달라진 모습으로 다시 연락을 하면 될까.

달라지는 것도, 연락하는 것도, 모두 나의 선택이고 자유다. 또한 이를 계기로 더 나은 나로, 외적으로든 내적으로든 성장할 수 있다면 당연히 좋다.
다만 하나만 기억하길 바란다.
내가 연락을 하는 것을 선택하듯, 그것에 답을 하지

않는 것도 상대방의 선택이 될 수 있다는 것.

그때에 이르러 더 나은 내가 된 나는, 언제라도 더 행복한 인연을 만날 준비가 되어 있을 거라는 것.

용서할 수 있을까, 내 연인이 바람을 피웠다

상대방이 바람을 피운 사실을 알게 되었다. 누군가에게는 그저 양다리일 뿐인 연애.

> 만약 미친 듯이 용서를 구한다면,
> 자존심 강하던 네가 무릎 꿇고 싹싹 빈다면,
> 모든 것이 한순간의 실수였다고 말한다면,
> 어쩔 수 없는 상황이었다고 한다면,
> 끊어내려고 노력하고 있었다고 한다면,
> 그래도 내겐 너뿐이라고 말한다면,
> 그러면,

용서할 수 있을까?

연애는 신뢰다. 상대방을 사랑하겠다는, 너에게 사랑받겠다는, 암묵적인 약속이다. 그리고 한쪽이 일방적으로 그 신뢰를 깨뜨렸다.

당신은,
상대방이 연락 두절될 때마다 초조해질 것이고,
내게 세게 나올 때마다 잘못한 주제에라는 괘씸한 마음이 들 것이다.
당신은,
상대방이 혹시나 또 몰래 다른 누군가와 연락하는 것은 아닐까 의심이 꼬리를 물 것이고,
내게 잘해줄 때마다 다른 누군가에게도 이렇게 해줬겠지, 하는 불쾌한 마음이 비집고 나올 것이다.
당신은,
우리가 함께 행복한 순간에도 이 행복이 또 깨질까 두려울 것이고,
상대방의 사소한 변화에도 민감하게 반응할 것이다.
당신은,
문득문득 치미는 분노와 괘씸함에 점차 자신이 피폐

해져 감을 느낄 것이고, 그러면서도 이렇게까지 유지하고 있는 관계에 매몰되어 제대로 붙들지도, 놓지도 못하는 애매한 상황에 놓일 것이다.

이는, 바람피운 연인과 재결합한 대부분의 커플이 다시 헤어지는 수순이다.

이 모든 경우의 수를 알고서도 사랑이라는 이름으로 감싸 안겠다는 것도, 우리는 다른 연인과는 달리 특별하다고 믿고 싶은 것도, 이번 한 번뿐일 거라고 합리화하는 것도, 모두 나의 선택이다.

그 이후의 상황은 내 바람대로 흘러갈 수도, 아닐 수도 있다. 당신은 그저 이 모든 것을 알고 선택하면 된다.

헤어짐을 통보한 연인, 다시 돌아올까요?

연인 사이에는 제3자가 알 수 없는 여러 상황과 감정들이 오고 가지만, 한 가지 불변의 진리가 있다. 바로, 더 좋아하는 쪽이 더 맞춰주게 되어 있다는 것.

맞춰준다는 표현은 관계에 따라 여러 의미로 받아들일 수 있다. 만나는 과정 중에 실제로 내 의견을 내세우지 않는 경우도 있고, 싸움을 했을 때 늘 먼저 사과하는 쪽이 될 수도 있고, 상대방이 나를 막 대한다고 느껴도, 마음 아파하면서도 그 관계를 지속하고자 애를 쓰는 입장이기도 하다. 그리고 또 하나, 헤어짐을 통보한 연인을 몇 차례고 붙잡는 쪽이 되기도 한다.

이제 반대의 입장에서 생각해보자.

내가 어떤 행동과 말을 해도 상대방이 나에게 맞춰준다. 가장 이상적인 형태는 서로가 서로에게 최선을 다하는 것이겠지만, 내가 굳이 그렇게 하지 않아도 상대방은 언제나 내 옆에 영원히 있어줄 것만 같다.

무엇보다 상대방이 나를 더 많이 좋아함이 내게도 느껴진다. 그러다보니 내가 정말 엄청나게 괜찮은 사람인 것 같고, 내게 모든 것을 맞춰주는 상대방에게서는 왠지 모르게 매력이 반감한다. 심지어 상대방의 이런저런 단점들이 보이기 시작하고, 나는 상대방을 지적하기 시작한다.

결국 여러 상황과 감정이 복합적으로 작용해 이별을 통보했는데, 나의 지적 때문인지 상대방은 모든 것이 자신의 잘못인 양 나를 붙잡는다. 고마운 마음과 미안한 마음, 과거의 좋았던 기억과 이만한 사람이 없을 것 같다는 생각에 못 이기는 척 다시 만남을 이어간다.

역시 만나 보니 똑같은 패턴과 상대방의 단점들이 여전히 보인다. 다시 헤어짐을 통보하고, 이 과정을 반복한다.

자, 여기에서 다시 질문해보자.

그래서, 이때 내가 본 상대방의 단점은 정말 그의 단점이었을까?

정말 상대방의 잘못으로, 그 때문에 나는 이별을 통보한 것일까?

우리가 연애를 하며 사랑이 식어간다고 느낄 무렵에, 상대방의 단점이라고 지적하거나, 고쳤으면 하는 점들은, 의외로 처음 만나기 시작할 때 그의 장점이자 매력이라고 생각한 것들인 경우가 많다. 그저 시간이 흘러 익숙해짐에, 혹은 사랑이 식었음의 다른 표현으로 상대방의 모든 면들이 단점으로 보일 뿐이다.

상대방이 내게 다시 돌아올지 아닐지는 아무도 모른다. 다만 한 가지 분명한 것은, 한쪽이 붙잡아 겨우 만나게 되더라도 기존의 패턴이 반복될 확률이 매우 크다는 것. 그랬을 때, 또 다시 지적당하며 자존감이 떨어지는 연애를 계속 이어가야 할 이유가 있는지를 묻고 싶다.

부모님이 개입한 연애, 부모님이 반대하는 연애

간혹, 자녀의 연애에 부모가 개입하는 경우가 있다. 심지어 잘 지내는 사이였다가도, 상황이나 조건을 알게 된 후에 태도가 변하기도 한다. 물론 각자 나름의 이유는 존재한다.

나이 차이가 유독 많이 나는 경우,
상대방이 돌싱이거나 자녀가 있는 경우,
부모의 입장에서 상대방의 직업이 변변치 않다고 여기는 경우,
종교가 다른 경우,

마음에 안 드는 집안 배경을 알게 된 경우,
국적이 다른 경우,
재산 여부를 알게 된 경우,
등이다.

둘이 사귀지 않는 사이라고 알고 있을 때는 전혀 문제가 되지 않는다. 오히려 그저 지인이었다면 그 점들이 상대방을 안타까운 마음으로 챙겨주게 되는 이유가 될 수도 있다. 그러나 내 자녀와 연인 사이가 됐을 때는, 완전히 다른 문제가 된다.

이왕이면, 나이 차가 나기보다는 또래와,
다른 종교보다는 같은 종교인 사람과,
살아온 배경이 너무 다르기보다는 비슷한 환경의 사람과,
이왕이면 더 나은 조건으로,
더 행복하기를, 힘들지 않기를, 아프지 않기를,
남들의 입에 오르내리지 않기를,
그 길이 혹여나 가시밭길이 되지 않기를,
바라는 마음일 것이다.

그리고 이것이 조금 심해지면 직접적인 개입이 시작된다.

자녀의 연인에게 부모가 직접 연락해서 헤어지라고 말한다거나, 내 자녀에 대한 걱정과 배신감으로 감정이 격해져 자녀의 연인에게 안 좋은 말을 내뱉는다거나, 그 후 모든 원망을 이런 상황을 만든 자녀에게 떠넘긴다거나, 하는 경우다.

부모의 입장도 충분히 이해가 가며, 누구에게라도 일어날 수 있는 수순이다. 그리고 그것에 욱하는 마음에 내 연인이 부모에게 함께 맞서는 경우도 있다. 이때부터는 사실상 잘잘못을 따지는 것은 어쩌면 크게 의미가 없다.

이제부터는 스스로에게 질문하면 된다.

이 모든 것을 감수하고 극복해나가겠는가, 만약 이미 헤어졌음에도 생각난다면, 앞으로도 상대방을 그리워하며 지내겠는가를 말이다. 이때 그 누구도 원망의 대상이 되어서는 안 된다.

자꾸만 결혼을 재촉하는 내가 집착으로 보일까

연인들이 만나다 보면 상대방과의 행복한 미래를 꿈꾸며 결혼을 결심하게 된다.

  서로를 평생의 반려자로 두고 싶은 마음,
  이 사람은 임자 있는 사람이라고 공식화 하고 싶은 마음,
  결혼이라는 제도적 약속 아래 함께하고 싶은 마음,
  상대방과 가정이라는 책임을 꾸려나가고 싶은 마음,
  등등.

문제는 그것이 합의된 이야기가 아닌, 나의 일방적인 바람일 때다. 이때 상대방의 태도는 크게 두 가지로 나뉜다.

하나는, 평소 말할 때의 분위기가 결혼에 회의적인 듯한 태도를 보이는 경우, 그래서 내가 제대로 말을 꺼내지도 못한 경우,
또 하나는, 이런저런 갖가지 이유로 '조금만 더, 조금만 더, 이것만 해결 되면, 저것만 해결 되면'이라면서 지금은 때가 아니라는 식으로 미루는 경우.

어느 쪽이든 결혼을 바라는 쪽에서는 시간이 흐를수록 피가 말린다. 연애가 꼭 결혼으로 이어져야 한다는 것은 결코 아니지만, 서로의 이상이 다르다는 사실을 받아들이기가 쉽지 않다.
왠지 모르게, 이 사람은 나와의 연애에 확신이 없는 것은 아닐까 하는 불안감, 진심으로 나를 사랑하기는 하는 걸까 쌓이는 불신, 그에게 내가 평생을 약속할 만큼의 존재가 아닐지도 모른다는 생각에 밀려오는 회의감, 자꾸 나만 안달이 난 듯한 상황에 집착하는 사람이 되어 깎여가는 자존감 등을 느끼기 때문이다.

이때, 속앓이를 끝내기 위한 방법은 오직 솔직함이다.

상대방이 나를 집착으로 바라볼까 두려워 고민만 하고 있을 바에는 몇 차례고 확실하게 이야기를 하는 것이 낫다. 왜, 행복하기 위한 연애가, 사랑이, 상대방이 나에게 질려버리지는 않을까 하는 불안감에 늘 전전긍긍하며 마음 졸이는 모습이어야겠는가.

단, 이때 한 가지 꼭 기억할 것이 있다. 혹시 현재 상대방의 마음이 나와 다르다고 했을 때, 시간이 지나면 그의 마음이 바뀔지도 모른다는 일말의 기대감을 안거나, 이후 상대방의, 아직은 때가 아니니 기다려 달라는 요구에 응하는 것은, 모두 나의 선택일 뿐, 그것이 결코 그와 함께한 시간을 부정하거나, 그를 원망해도 되는 이유가 되지 않음을 말이다.

가장 슬픈 감정 사랑을 하면서 느끼는

우리는 더 많이 행복하기 위해 연애를 한다. 특별해진 우리 사이를 위해, 더 많이 사랑하고, 더 많이 사랑 받기 위해서. 그런데 간혹 연애를 하면서 외로움을 느끼는 경우가 있다. 상대방에 대한 서운함이 극에 달할 때.

그때는 바로, 내가 차라리 그에게 남이었으면 좋겠다는 생각이 들 때다. 남들에게 하듯이, 남 대하듯이 내게 하는 것이 오히려 지금보다는 나을 거라는 생각.

혼자라서 느끼는 외로움은 이유라도 있건만, 함께여서 느끼는 외로움은 나를 더욱 비참하게 한다. 그 비참함이 길어질수록, 그 비참함이 쌓여갈수록, 자존감은 바닥을 치고, 내 존재감은 더욱 희미해진다.

살다 보면 결심이 필요한 때가 있다. 그동안의 추억과 내가 들인 시간과 감정에 매몰되어,
우리도 좋은 때가 있었잖아,
내가 더 잘하면 되겠지,
나아지겠지, 나아지겠지 생각하며 지금의 비참함을 이어갈 것이냐, 어떤 방식으로든 비참함의 고리를 끊어 낼 것이냐. 모두 나의 선택이다.
우리는 연애를 할 때 항상 한 가지를 꼭 기억해야 한다. 이 연애는, 이 사랑은, 우리가 더 많이 행복하기 위해 시작했음을.

그는 내가 아니다

간혹 서로 간의 입장의 차이가 나는 경우가 있다. 예를 들어 나는 직장인이고, 연인은 백수다. 물론 취업 준비생이라는 이름으로 있지만, 내 눈에는 미래를 위해 노력하는 모습은 전혀 보이지 않고, 나와의 미래를 생각하지 않는 듯한 그 모습에 자꾸만 실망스럽고 지쳐간다.

만남 자체에 대한 회의감, 미래에 대한 불확실성. 그래도 한 번씩 잘하겠다고 말은 하는데, 한심하지만, 그래도 나는 이 사람이 좋은데.

자, 여기에서 우리는 한 가지를 확실하게 바라보아야 한다. 바로 나와 상대방을 동일시하지 말 것.

우리의 만남에는 상대방의 미래와 나의 미래가 각각 존재한다. 그가 나의 삶을 살 수 없듯, 내가 그의 삶을 사는 것이 아니다. 물론 '우리'라는 이름으로 엮고 싶겠지만, 그 또한 그저 개개인의 삶이 모인 것임을 인식해야 한다.

내가 문득문득 상대방을 한심하게 바라보며 한숨을 쉴 때, 그는 그 나름의 고민을 하고 있을 것이고, 미래에 대한 걱정에 잠을 이루지 못할지도 모른다. 만약 그렇지 않다고 해도, 설령 정말 자포자기의 마음이라 해도, 그것은 그의 삶의 선택이며, 나는 그런 그를 선택한 것뿐이다.

진심으로 상대방을 위하는 생각과 말은 분명 필요하나, 그것이 반복되어 서로의 만남 자체가 스트레스가 되는 상황이 되어서는 안 된다. 반복된 충고는 잔소리가 될 뿐이다. 나는 그에게 무엇을 기대하고 있는가. 그는 내가 아니다.

늘 마음을 다 주고 차였다면

그런 사람들이 있다. 연애를 하면 늘 마음 다 주고 차인다는 사람들. 만약 연애의 패턴이 반복 된다고 느낀다면 이제는 스스로 돌아볼 필요가 있다.

마음을 다 준다는 것은 나의 입장일 뿐,

그래서, 내 마음이 끌리는 사람들은 어떤 사람이었는가,

그리고, 나의 표현 방식은 어떠했는가,

를 말이다.

그들이 말하는 마음을 다 줬다는 것은, 대부분 상대방에게 더 맞춰주는 입장이었거나, 싸울지언정 가급적 상황을 합리적으로 판단하고 이해해주는 입장이었을 가능성이 크다. 애정 표현을 마음껏 했을 것이고, 아마도 심적으로 물질적으로 상대방에게 인색하게 굴지 않았을 것이다. 그리고 그들 대부분은, 연애할 때 삶의 우선순위를 자신보다 상대방을 우위에 둔다.

그러면서, 내가 해줄 만큼 해줬다는 만족감, 나는 할 만큼 다 했다는 안도감을 느끼며 스스로에게 말한다. 나는 그저 솔직하게 표현하고 마음을 다 줬을 뿐이라고.

물론 결코 그들이 잘못한 것도, 그 방식이 잘못된 것도 아니다. 단지 나와 만나는 상대방이 나의 이러한 면과 맞지 않았던 것뿐이고, 스스로 결과에 만족하지 못하기 때문에 문제가 되는 것뿐이다.

이제 내가 선택할 수 있는 것은 세 가지다.

연애를 하더라도 삶의 우선순위를 나를 먼저 세우고
주도적으로 나아가거나,
기존에 내가 끌리는 사람이 아닌
전혀 다른 타입의 이성을 만나거나,

여전히 같은 패턴의 연애를 하며 고민하거나.

그러기 위해서는 반드시 내가 어떤 사람인지,
어떤 타입의 이성을 좋아하는지,
어떤 연애 패턴을 가지고 있는지를 정확히 알고 있어야 한다.
또한 이것은 삶의 '변화'를 일으키는 시작이다.

연인을 설득하고 싶을 때
사랑해서 마음 정리한다는

가끔 그런 경우가 있다.

여전히 너를 사랑하는데,

이 만남이 너에게 피해가 갈 것 같아서,

너를 위해서 어찌해야 할지 모르겠다는,

혹은 그래서 이제 그만해야 할 것 같다는 말을 하는 경우.

보통 이 경우는 크게 세 가지 상황에서 나타난다.

첫째, 나이 차가 나는 커플일 때
둘째, 집안의 반대가 있을 때

셋째, 원거리 연애일 때

이때 대부분 이러한 말을 '듣는' 입장은,

나이가 어린 쪽,
집안의 반대가 덜한 쪽,
멀어도 자주 보려고 노력한 쪽이다.

그리고 그들은 철저한 을이 되어 고민한다.

어떻게 하면 너를 설득할 수 있을까,
어떻게 하면 다시금 처음처럼 지낼 수 있을까,
어떻게 하면 너의 마음을 되돌릴 수 있을까,
어떻게 하면 너의 마음을 붙잡을 수 있을까,
를 말이다.

왜냐하면 내가 생각하기에, 상대방의 말대로라면,

너는 여전히 나를 사랑하는데,
상황 때문에, 여건 때문에,
주변 사람들 때문에,

어쩔 수 없이, 의지와는 상관없이,
너의 본심과는 다르게,
'나를 위해서' 그렇게 말한다고 생각하기 때문이다.

그래서 내가 조금 더 노력하면, 잘 설득하면, 마음을 되돌릴 수 있을 거라고 생각한다. 그러나 대부분 이 단계에 이르러 조언을 구하는 이들은, 이미 을이 되어 상대방을 설득하기 위한 최선의 노력을 다한 상태다.

이제는 생각해봐야 한다. 어쩌면 상대방의 나를 위한다는 말은, 본인을 위한다는 말일지도 모른다. 내가 원치 않는 배려를 하는 것은, 그 자신의 합리화며, 그의 선택일지도 모른다.

텅 비어버렸다 마음 한 구석이
이별 후 당신에게 ❸

어떤 인생 조언도, 좋은 말도, 누군가의 특별한 노하우도 필요 없는 때가 있다. 텅 비어버린 마음을 주체할 수 없는 때다. 이때의 속절없이 비어버린 듯한 감정은, 몰라서가 아니라 마음이 동하지 않아서다.

그냥 그런 때가 있다. 해결책이 아니라, 때로는 누군가의 공감 한 마디가 필요한 때.

이별이라는 감정은 이따금씩 우리를 깊은 구덩이로 밀어 넣는다. 괜찮다가도 다시금 구덩이에 빠져 있음을 실감하고, 잘 지내다가도 한 번씩 구덩이 밖으로 나갈 수 있을까 막막하고, 외롭고, 혹시나 또 다시 이 구덩이에 빠지게 되는 것은 아닐까 두려워 나갈 엄두조차 나지 않는 그런 때가 있다.

그렇게 우리는 인생이라는 지도 위에 여러 개의 구덩이를 갖는다. 그리고 그것의 깊이만큼, 그것의 갯수만큼 우리는 더 성장하고 더 나은 나를 만들어간다.

그리고 언제가 되더라도 좋으니 당신은 반드시 지금의 구덩이에서 나와야 함을 잊지 말길 바란다. 그곳은 결코 당신의 종착점이 아니니까. 그 위에는 더 나은 나를 위한 지도가 이미 펼쳐져 있으니까.

신경 쓰일 때가 있다
상대방의 과거가

누군가를 사랑하게 되고, 연애를 시작하면, 상대방의 일거수일투족이 궁금해진다. 너의 모든 취향을 알고 싶고, 앞으로 나와 모든 것을 공유하며 함께하는 미래를 꿈꾼다. 그리고 나아가 나를 만나기 전의 모습들을 궁금해한다. 그 안에는 상대방이 지내온 환경과 인간관계, 그리고 전 연인과의 관계가 포함되기도 한다.

우리는 흔히 판도라의 상자라는 말을 쓴다. 많은 재난의 근원이라는 의미를 지녀, 알면 위험해질 수 있는 비밀을 가리킨다. 연인 사이에서는 상대방의 과거 연애 행적을 알게 되는 것을 판도라의 상자라고 부르기도 한다.

그것은 그만큼 알게 돼서 좋을 것이 없다는 의미일 것이다. 또한 그것은 동시에, 내가 먼저 상대방이 그것에 대해 궁금해하거나 신경 쓰지 않도록 해야 한다는 상호간의 암묵적인 약속인 셈이기도 하다.

이 암묵적인 약속이 깨지는 순간, 한쪽은 그것에 의문을 품고, 또 한쪽은 아무것도 아니라며 자꾸만 숨기게 되고, 그럴수록 신경이 쓰여 집착하게 되고, 상대방은 그것에 질려하며 나를 이상한 사람으로 몰아간다. 이때부터는 걷잡을 수 없는 악순환이 시작된다.

그렇다면 이 암묵적인 약속은 어디까지일까. 나는 어디까지 이해할 수 있을까.

나의 애인이, 전 연인과 여전히 친구로 지내는 사이는 괜찮을까.

나의 애인이, 전 연인과 우연히 닿은 연락이라며 메시지 주고받은 흔적을 알게 된 것은 괜찮을까.

나의 애인이, 전 연인과 SNS 팔로우를 하고, 그곳에 그들의 추억이 남아 있는 것들은 괜찮을까.

그것은 각자 감당할 수 있는 폭에 따라, 각 커플의 상황에 따라 다르다. 만약 그것을 이해하지 못해 상대방에게 말을 꺼내어 해결을 하든, 혹은 말을 꺼낸 것이 불씨가 되어 싸움이 되든, 그조차 두려워 말을 꺼내지 못해 속으로 끙끙 앓든, 그것은 당신의 판단이다.

단, 하나만 기억하길 바란다. 우리는 행복하기 위해 연애를 시작했다.

연인의 거짓말, 어디까지 이해해야 할까

사람이 거짓말을 하는 이유는 하나다. 나에게 득이 되기 위해서.

    선의의 거짓말,
    하얀 거짓말,
    너를 위해서,
    네가 상처 받을까봐,
    네가 놀랄까봐.

아무리 보기 좋은 말로 포장해도 이유는 같다. 결국

그렇게 하는 것이 내 마음이 편하기 때문이다. 그리고 그 거짓말이 거짓말임을 알았을 때, 그것에 대한 판단은 받아들이는 입장에서 하면 된다.

나라도 그랬을 거야,
네가 무슨 마음이었을지 이해해,
오죽했으면 거짓말을 했을까,
나를 생각해줘서 그랬구나.

이렇게 이해를 할 수 있는 것이라면 괜찮다. 그런데 그렇지 않다면, 받아들일 수 없다면, 도무지 이해할 수 없다면, 그 거짓말은 아무리 좋은 말로 포장한다 한들 그냥 거짓말일 뿐이다.

나를 속인 사람,
그 의중을 알 수 없는 사람,
비밀이 많은 사람,
결국 내가 신뢰할 수 없는 사람이다.

연인의 거짓말은 특히나 이런저런 핑계가 많다. 하지만 그 이유나 핑계는 전혀 중요하지 않다. 기준은 하나다. 내가 그것을 이해할 수 있느냐 없느냐. 그것에의 선택은 당신에게 있다.

사랑이 아닌 것 같다는 말
네가 너무 편안해서

이별의 말 가운데, 상대방에게 가장 큰 혼란을 주는 말이 있다.

이제는 네가 너무 익숙해졌다는 말,
편안해서 사랑인 줄 모르겠다는 말.

아니, 그냥,

나는 너를 사랑하지 않는다를 돌려 말한 말,
이제 새로운 사람을 만나고 싶다를 돌려 말한 말,

딱히 상대방이 크게 잘못한 일은 없고,

나도 크게 나쁜 사람은 되고 싶지 않고,

적당히 이쯤에서 마무리하고 싶을 때 덤덤하게 내뱉는 말.

그것에는 어떤 미련도 감정도 없다.

이미 상대방에 대한 설렘을 내려놓은 지 오래이기 때문에.

어쩌면 이미 그 설렘을 채워줄 다른 관심사가 생긴 것일지도 모르기 때문에.

부디 당신이 그 말에서 의미를 찾으려, 이유를 찾으려, 나의 노력으로 바꾸려 너무 많이 애쓰지 않기를.

혹시, 을의 연애를 하고 있다면

연애와 비즈니스의 차이가 무엇일까. 연애가 서로의 감정으로 이어진 관계라면 비즈니스는 조건에 의한 관계라 할 수 있다. 따라서 비즈니스는 팩트가 있고, 그렇기 때문에 인과관계가 명확한 경우가 대부분이다. 그 과정에서 비즈니스는 필요와 합당한 조건에 따라 갑과 을이 존재할 수 있다.

하지만 연애는 조금 다르다. 어느 한쪽이 갑이 되어서도, 어느 한쪽이 을이 되어서도 안 된다. 그런데 간혹 을의 입장에서 연애를 하는 이들이 있다. 재미있는 사실은, 을은 존재하는데 갑은 없다.

을이라고 생각하는 이와 연애 중인 상대방은, 자신이 갑의 연애를 하고 있다고 인식조차 하지 못하고 있기 때문이다. 그러나 을은 알고 있다. 자신이 을의 입장에서 철저히 끌려가는 연애를 하고 있다는 사실을 말이다. 무엇보다, 갑은 을을 위하는 척한다.

너를 좋아하지만,
너를 사랑하지만,
너를 위해서,
나도 네가 싫은 건 아닌데,
나도 너를 떠나고 싶은 건 아닌데,
나도 여전히 너에게 마음은 있는데,
나도 이런 나를 모르겠다,
넌 정말 내게 과분한 사람이다,
조금만 생각할 시간을,
등등.

그리고 을은 그 말들에 취해 더욱 철저한 을이 되어간다.

이 사람도 내가 싫어진 건 아니야,

여전히 나를 사랑하는 것 같은데.
어쩔 수 없는 주변 상황 때문이야.
그때 모습들은 분명 진심이었으니까.
우리는 남들이랑은 상황이 달라.
나 때문에 이렇게 된 거야.
내가 조금만 더 노력하면.
내게 자꾸 연락하는 건 마음이 있는 걸 거야.
이번만큼은 눈 감아 주자.
등등.

우리가 연애를 하는 이유는, 그 사람으로 인해 내가, 나로 인해 네가, 더 행복하고 더 많이 사랑하고 사랑 받기 위해서다. 그 근본적인 사실은 변하지 않는다. 그런데 갑은 자신이 갑인 줄 모르고, 을은 자신이 을인 줄 알면서도 아니기를 바란다.

그렇다면 이제 질문해야 한다.

을의 연애 중인 당신, 정말 행복한가. 앞으로도 계속, 이 을의 연애를 이어가고 싶은가.

선택도, 그 선택의 결과에 대한 책임도 당신의 몫이다.

받아들이기 힘들 때 마음으로는 머리로는 알지만

🌀

    만나는 동안 내 자존감을 떨어뜨리고

    나를 마음 아프게 했던 연인,

    바람을 피운 전적이 있는 연인,

    거짓말을 일삼았던 연인,

    주위에서 하나같이 더는 만나지 말라며 뜯어 말리는 연인,

    다시 만나면 내가 또 상처 받을 것이 불 보듯 뻔한 연인,

    항상 과거에 상처 준 기억이 떠오르는 연인.

어느 것에 해당하든 그런 상대방과 다시 만나고 싶다면, 이 모든 것을 머리로는 알아도 마음으로는 도저히 받아들이지 못하겠다면, 방법이 있다.

그것을 또 다시 감수하면 된다.
또한 더 이상 상대방을 탓하지 않아야 한다.
그럼에도 상대방을 만나는 것은, 알고도 그렇게 하기로 한 나의 선택이기 때문이다. 내가 스스로 깨닫기 전까지는 어쩌면 누구의 말도 큰 의미가 없을 수 있다.

사랑의 유효기간을 늘리는 방법

연애를 하다 보면, 처음과는 달라진 상대방의 모습에 실망을 하거나 결국 이별이라는 끝을 맞이하게 되는 경우들이 있다. 그래서 사랑은 영원할 수 없다며 회의감을 느끼기도 하고, 다음 연애에 대한 두려움을 느끼기도 한다.

그렇다면 사랑에는 유효기간이 있는 것일까. 있다면, 그 유효기간은 어떻게 정해지는 것일까. 늘릴 수도 있는 것일까.

나는 가능하다고 생각한다. 유효기간을 늘릴 수도,

단축시킬 수도 있다고 말이다. 그 방법은 바로 '표현'이다. 그리고 그 표현은 '배려'와 '존중'으로 나타난다. 내가 상대방을 얼마나 배려하고 존중하느냐, 그것에 따라 사랑의 유효기간은 달라진다.

내 옆에 상대방이 있어 감사하다고 말하는 것,
그가 나에게 맞춰줌에 당연히 여기지 않고 고맙다고 말하고,
나도 상대방의 의견을 따라주는 것.

각자의 욕심만을 채우지 않는 이 사소한 행동들이 쌓여 우리는 관계를 지속할 수 있고, 그 안에서 상대방이 나를 사랑한다고 느낀다.
결국 사랑의 유효기간을 늘리는 방법은 상대방이 나를 사랑하고 있음을 느끼게 하는 것이다.

가장 잔인한 이별이 있다

아마도 상대방에게 가장 잔인한 이별이 있다면,
그것은 바로 전 연인에게 돌아가는 것일 것.
다시 전 연인에게 돌아간다는 것은,

나와의 시간이 정말 아무것도 아닌 것이 되어버린,
그 둘의 사랑에 내가 끼어버린,
나는, 그저 그들 사이의 잠깐의 흔들림에 스쳐지나가는 그냥 그 정도의 인연이 되어버린 것을 의미하기 때문이다.

그렇다고 오래도록 마음 아파할 필요는 없다. 내게 상처 준 사람이라고 미워하고, 상대방이 불행하길 바랄 필요도 없다. 혹시나 내게 다시 돌아올까 미련을 안고 기다릴 필요도 없다.

그는 이제 내 사람이 아니다. 그는 이제 내 사랑이 아니다.

중요한 건, 상대방이 전 연인에게 돌아간 것이 아니라, 그가 나를 떠났다는 사실이다.

우리는 여느 연인들처럼 이별했고, 나는 이제 더 나은 나로서 행복하면 된다. 그것뿐이다.

상대방을 힘들게 한다면 집착과 소유욕으로

일반적으로 연애 스타일이라고 하면 흔히 두 가지를 떠올린다.

방목형과 집착형.

당연히 가장 이상적인 형태는 그 중간쯤 어딘가에 있는, 상대방의 마음을 '굳게' 신뢰하면서 자신의 마음을 '잘' 표현하는 관계일 것이다. 그런데 그 '잘' 표현한다는 것이 꽤 어렵다. 나의 마음을, 사랑하는 감정을 그저 있는 그대로 다 표현하는 것이 때로는 정답이 아닐 수도, 혹은 잘못된 방식을 포장하는 핑계거리가 될 수도 있기 때문이다.

내가 상대방을 사랑한다는 이유를 들어 상대방의 모습을, 상대방의 인간관계와 라이프 스타일을, 나의 입맛에 맞게, 내 방식대로 바꾸려 한다면, 그것은 온전한 사랑 표현이라 할 수 없을 것이다.

만약 서로가 비슷한 성향이라고 해도 둘의 강도가 정말 동일하지 않다면, 그 관계는 집착과 소유욕이 강한 쪽의 피 말리는 관계로 이어질 가능성이 매우 크다.

무엇이든 적당하면 괜찮다. 그렇지만 그것이 극으로 치달을 경우 내 친구, 내 가족, 내 취미, 내 꿈, 내 미래, 내 일, 그리고 나 자신을 잃게 된다. 그리고 나는 사랑이었는데, 너는 배신했다며 종국에는 혼자 상처 받게 된다.

그리고 놀라운 점은, 이 모든 과정을 스스로가 이미 잘 알고 있다는 것이다. 그럼에도 그것을 선택한다. 지금 당장 내 마음을 쏟을 곳이 필요하기 때문이다. 이 경우, 대부분 타인에게 자신의 속마음을 드러내지 않는 사람들인 경우가 많다. 오직 단 한 사람, 연인에게만 자신의 속마음을 드러낸다.

이미 그러한 성향임을 잘 알고 있음에도 같은 패턴을 반복한다면, 이제 주위의 조언은 크게 의미가 없다. 이제는 정말 스스로가 선택해야 한다. 연인을 위해서가 아니라 나를 위해, 내가 살기 위해 어떻게 해야 할지를 말이다.

나에게만 없다 남들에게 누르는 좋아요가

만약 나의 연인이, SNS에서 다른 이성 친구의 게시글에는 늘상 좋아요를 누르면서, 내 게시글에는 전혀 누르지 않는다면 어떨까. 마치 온라인에서, 친구들과는 어울리면서 내 존재는 못본 것처럼 거른다는 느낌, 혹은 다른 글들은 올리면서 연인인 나는 존재하지 않는 것처럼 나와의 시간이나 내 존재는 일절 올리지 않는다면, 어떨까.

물론 SNS는, 이를 통해 비즈니스를 하거나, 불특정 다수를 향한 소통이 있는 것이 아니라면 지극히 사적인 공간이다. 그래서 이들의 논리는 항상 같다. 내 개인

공간을 내 마음대로 한다는데, 왜 내가 하고 싶은 대로 하지 못하게 하냐는 논리다.

당연히 마음대로 할 수 있다. 그러나 포인트를 잘못 짚었다. 여기에서의 포인트는, 진짜 문제는, SNS 활동 자체가 아니다. 궁극적으로, 연애를 하면서의 나의 행동거지가 연애를 하기 전과 똑같아서는 안 된다는 것이다. SNS도, 아예 활동을 하지 않는다면 문제가 되지 않는다.

그러나 다른 것은 다 하면서, 다른 친구들에게는 다 하면서, 오히려 내 연인에게만 하지 않는 것, 연인을 없는 존재 취급을 하는 것, 마치 혼자 지낼 때와 똑같이 행동하는 것, 그것이 문제라는 것이다.

그리고 그 행동을 상대방이 개의치 않거나, 서로 똑같이 한다면 상관이 없지만, 만약 나의 연인이 내 행동에 서운해 한다면, 그때는 이야기가 달라진다. 한 번쯤 내 행동을 돌아볼 수 있어야 한다.

연인 사이라 해서 반드시 모든 것을 공유하고, 나의 모든 것을 오픈해야 한다는 것은 아니다. 그러나 가장 중요한 둘의 신뢰 관계. 합리적인 선에서 반드시 상대방의 입장을 배려할 수 있어야 한다. 그리고 무엇보다, 그것이 절대 다른 이성 문제가 아니어야 할 것이다.

적어도, 내 연인에 대한 마음이 진심이라면 말이다.

이별 이별 가장
후 후 먼저
당신 밀려
에게 오는
❹ 감정

🌀

이별을 하면, 세상이 무너진 듯 마음이 아파온다. 그리고 이별을 받아들여야 함을 머리로는 알지만, 정작 가슴으로는 받아들이지 못한다. 이별 직후부터, 아니, 어쩌면 이별을 직감한 순간부터, 밀려오는 감정 때문이다. 바로, '두려움'.

나의 몸의 일부가 떨어져 나간 듯한,
그 어디에도 내가 기댈 곳은 없는 듯한,
아무도 내 마음을 몰라주는 듯한,
세상에 오직 혼자 남겨진 듯한,

그 두려움 때문이다.

과연 내가 혼자서도 잘 살아갈 수 있을까,
네가 없는 빈자리를 채워갈 수 있을까,
나는 이제 힘들 때 누구에게 말할 수 있을까,
이 마음을 누가 알아줄까,
앞으로의 시간들을 대체 어떻게 보내야 할까,
너 없이 혼자 지낼 수나 있을까,
하는 두려움이다.

그래서 그 혼자라는 두려움에, 다시 익숙함을 찾아 과거로 시간을 돌리고 싶어 한다. 이미 과거가 되어버린 그를 찾아가려 한다. 그러면 안 된다는 것을 알면서도, 밀려오는 두려움에, 마치 낯선 골목에서 엄마 손을 붙잡으려는 아이의 본능처럼 그 익숙함을 찾으려 한다. 그리고 되찾아지지 않는, 붙잡히지 않는 그 시간들을 바라보며, 몇 번이고 몇 번이고 주저앉는다.

이제는 그 손을 놓아야 한다. 이제는 두려움과 마주해야 한다.
그것이 그의 선택이었으니까. 그리고 나의 선택이 될 테니까.

이별을 고하는 방법
착한 사람으로 남으며

우리는 이별을 맞닥뜨리기도 하지만, 때로는 이별을 고하는 입장이 되기도 한다.

이미 상대방에 대한 애정이 식어버렸고, 노력 끝에도 더 이상 이 사람과 만남을 이어가고 싶지 않다면, 또는 새로운 사람이 마음에 들어오기 시작했다면, 당연히 이별을 고해야 할 것이다.

이때 사람들은 고민한다.

어떻게 하면 내가 나쁜 사람이 되지 않을까,
헤어지고도 좋은 관계로 남을 수 있을까,

어떻게 말해야 상대방이 나를 미워하지 않을까,
좋은 추억으로 남을 수 있을까.

그리기 위해, 좋은 사람으로 남고 싶어 선택하는 멘트는 대개 다음과 같다.

요즘에는 나도 내 감정이 뭔지 모르겠어,
네가 너무 편안해져서 이제 사랑이 아닌 것 같다,
나 좀 혼자 있고 싶어,
나 당분간 내 시간이 필요할 것 같아,
우리 친구일 때가 좋았던 것 같아,
다시 좋은 친구 사이로 지내고 싶어,
넌 너무 착해. 나보다 더 좋은 사람 만나.

만약 둘이 서로 비슷한 시기에 감정이 식은 것이 아니라면, 그렇다 해도 상대방이 받아들일 준비가 되어 있지 않다면, 그 바람은 모두 나의 욕심일 뿐이다. 어설픈 착한 사람 코스프레는 오히려 상대방에게 미련의 여지를 주는 독이 될 뿐이며, 모든 것이 그저 상처고, 납득할 수 없는 이유일 뿐이다.

그렇기 때문에 당신이 가져야 할 태도는 내가 착한

사람으로 남기 위한 이유나 상대방이 상처를 덜 받았으면 하는 적절한 멘트가 아니다. 모든 것을 감수하고서라도 내보여야 하는 건, 있는 그대로의 솔직함이다. 어쩌면 예쁜 말, 좋은 말을 찾으려 하기보다 솔직한 마음을 전하는 것, 그것이 그동안의 추억에 대한 배려일 것이다.

또한 내가 이별을 선택했듯, 그로 인한 인연의 끊어짐도 상대방의 선택이며, 내가 받아들여야 할 것들이다. 우리의 만남의 시작에는, 언제나 그 끝에 대한 결과도 포함될 수 있는 것임을 절대 잊어서는 안 된다.

더 떨어져버렸다
오히려 자존감이

연애는 왜 하는 걸까.

말이 잘 통해서,
성숙한 모습에 의지 돼서,
왠지 모를 매력에 끌려서,
배울 점이 많아서,
함께 있으면 행복해서,
많이 웃을 수 있어서,
예뻐서, 멋있어서,
나를 좋아해줘서,

그냥 어쩌다 보니까,
그 사람이라서,
그냥 다 좋아서.

이유는 여러 가지가 있겠지만, 결국 그것이 가리키는 방향은 하나다. 연애를 하는 것이 지금보다 더 행복할 것이라는 기대. 더 행복하기 위해 연애를 하는 것이다.

그 누구도 불행하기 위해 연애하지 않는다. 상대방의 상처를 보듬어주고자 시작한 연애도 그로 인해 자신이 안식처가 되어주고 싶다는 그 감정이 나의 만족감이 된다.

그런데 문제는 이후에 일어나는 일들이다.

상대방의 바람,
전 연인과의 잦은 연락,
들통난 거짓말,
수상쩍은 연락 두절,
나를 깎아내리는 말, 거친 언행,
나를 속이는,
내가 싫어하는 행동으로 인해 무너지는 신뢰,
쌓여가는 의심.

현상은 달라도 의미는 같다.

결국 이는 나를 불행으로 이끈다는 것.

나는 상대방을 끊임없이 의심하고, 이 모든 상황을 끝내려고 하다가도 실낱같은 사랑 표현에 또 다시 흔들린다. 더 이상 나를 위한 나는 없다. 오직 상대방을 위한, 상대방의, 상대방에 의한 나만 남아 있다.

다시 처음으로 돌아오자.

우리는, 연애를 왜 하는 걸까.

지금보다 더 행복할 것이라는 기대, 더 행복하기 위해 연애를 하는 것이다. 모든 선택은 나의 몫이며, 그것은 내가 만든 것들이다.

연인으로 인한 갈등
제때 연락이 되지 않는

연애를 할 때 가장 답답한 순간이 있다면 바로 '잠수'다. 약속한 시간이 지나 연락을 했는데 깜빡 잠이 들었다는 핑계를 대거나, 보러 오겠다고 지나가듯 뱉어 놓고, 언제 그랬냐는 듯 반응 한다거나, 몇 시간씩 연락이 안 되어 추궁하면 사람들과 있어서 연락 온 줄 몰랐다거나. 드물지만 있다.

그리고 실제로 어쩔 수 없이 그래야 하는 상황이었을 수도 있다. 서로 생각하는 바가 달라 의도가 잘못 전달됐을 수도 있다. 그럴 수 있다. 충분히 그럴 수 있다.

문제가 되는 것은 '잦은' 상황이다. 상대방이 불편할

정도로 반복되는 상황. 그것이 문제가 된다. 이는 연인 사이의 문제여서가 아니다. 존중 받지 못한다는 느낌, 배려 받지 못한다는 느낌, 그 자체가 문제이며, 연인 사이의 경우 이것이 사랑 받지 못한다는 느낌으로 이어진다는 차이가 있을 뿐이다.

만약 정말 중요한 자리였다면,
만약 정말 중요한 사람이었다면,
만약 정말 중요한 약속이었다면,
만약 정말 소중한 인연이었다면,
상대방이 나에게 그렇게 할 수 있었을까.
나는 상대방에게 어떤 존재인 것일까.

물론 연인 사이는 조금 특수한 감정의 이해가 섞이기도 하기에 자세한 내막은 누구도 모른다. 다만 확실한 것은, 지금 내가 그것을 이해할 수 있느냐 아니냐는 것. 그 질문에 답해보면 된다.

내 애인의 이성 친구, 어디까지 이해할 수 있을까

연인 사이에 단연 문제가 되는 이유 중 하나는 바로 '이성 관계'일 것이다. 누가 봐도 의심스러운 정황이 포착됐든, 그저 합리화된 의심이든, 어느 순간 연인의 이성 관계가 조금씩 신경 쓰이고, 그것은 악순환의 시작이 된다.

결국 한쪽은 지속적인 신뢰를 주지 못하고, 한쪽은 의심에 의심이 꼬리를 문다. 이때 한쪽의 입장은 항상 이렇다.

나는 마음을 준 적이 없다.

아무런 사이가 아니라서 편하게 대한 거다.
정말 친한 친구일 뿐이다.
네가 싫어할까봐 말을 안 한 것뿐이다.
이 정도도 이해를 못하냐.
그냥 모임이라서 보게 되는 것뿐이다.
우리는 동성 친구 같은 사이다.
너보다 더 오래된 사이인데 어떻게 끊냐.
이 정도는 사회생활이다.
너 자격지심 있는 거 아니냐.
걔도 애인 있다.
걔가 나한테 무슨 이성으로 보이겠냐.
넌 의심병인 것 같다.

이쯤 되면 한 번쯤 고민하게 된다. 내가 상대방을 믿지 못하는 것일까, 상대방이 내게 믿음을 주지 못한 것일까. 물론 어느 관계든 한쪽의 일방적인 잘못인 경우도 있다. 진짜 바람이었거나, 정말 누가 봐도 질릴 정도로 무섭게 집착했거나.

이러한 극단적인 경우를 제외하고는, 연인 사이라면 항상 기본적으로, 상대방이 의심하지 않도록, 상대방이 이성 문제로 걱정하지 않도록, 만약 의심했다 하더라도 그 의심이 풀어질 수 있도록, 먼저 헤아리고 노력해야 한다. 마냥 의심하지 말라고 말할 것이 아니라, 서로 상대방이 의심하지 않게끔 노력하는 것이 먼저여야 한다.

왜냐하면, 연애를 시작한 순간부터, 절대 혼자일 때와 똑같은 패턴으로 지낼 수는 없기 때문이다. 연애를 시작한 후에는 반드시 이성을 대하는 태도가 이전과는 달라져야 하기 때문이다. 이성 친구와 예전과 같은 빈도로 연락을 하거나, 만나거나, 챙겨주는 것은, 연인에 대한 명백한 실례다.

그것을 이해하지 못할 우정이라면 더 문제다. 그리고 상대방을 의심병 취급하거나 나중에 이르러 거짓말까지 한다면 문제는 더욱 커진다. 다른 것들은 다 좋은데, 이것 하나 때문에, 이것만 아니면 다 좋은데. 모든 연인 사이에서는 결국 그 안 좋은 하나가 항상 문제가 된다.

연인 사이의 기본은 '신뢰'다. 그리고 이 신뢰에는 반드시 상대방을 믿어주는 것과 상대방에게 믿음을 주는 것이 동시에 진행 되어야 한다. 내가 배려해야 하고, 나도 배려 받아야 한다. 아울러 나의 선택과 상대방의 선택이 각각 존재함을 받아들여야 하는 순간이 있음을 기억하길 바란다.

환승 이별의 두 얼굴

이별 가운데, 참 치사한 이별이 하나 있다. 바로 환승 이별이다. 실상 이별을 맞은 입장에서는 바람을 피운 것과 비슷한 배신감인데, 엄연히 따지면 바람을 피운 것은 아니다. 그래서 환승 이별은 두 얼굴을 하고 있다. 수용과 거부 사이.

환승 이별임을 알게 된 순간, 이별을 받아들이기 힘들어진다.
나는 죽을 것 같이 아프고 힘든데, 상대방은 그저 새로운 연인과 만날 생각에 기뻐 들떠 있을 것이라는 생각에 치가 떨리고, 그의 달라진 분위기에 내가 마음 졸이며 비위를 맞출 때, 그는 다른 이성과 썸을 타며 시시덕거렸을 것이라는 생각에 배신감이 극에 달한다.

그래서 더 내 존재에 대한 회의감이 들고, 사람에 대한, 사랑에 대한 배신감에 또다시 누구도 믿을 수 없을 것만 같고, 그러면서 어떻게 하면 그 두 남녀에게 복수를 할까, 싶은 마음마저 든다. 문제는, 스스로가 피폐해짐을 느낄 만큼 그 생각에 오래도록 사로잡혀 버리는 것이다.

그러나 결국 우리에게 남는 것은, 이별의 형태가 아니라, 이별 그 자체일 뿐이다. 특히나 환승 이별의 경우, 괘씸할지언정 화를 낼 명분이 없다. 우리의 추억이 어떠했건, 그가 내게 무슨 행동을 했건, 이제와 그가 누구를 만나건, 괘씸하지만, 이제는 지나간 일이 되어버렸다.

슬프지만 그것이 팩트다. 이제 그 두 남녀에게서 자유로워져야 한다.

그래서 환승 이별이 유독 치사하다. 사랑은 함께 시작했는데, 이별은 혼자만 맞닥뜨려야 해서.

너와 결혼까지 생각했어

우리는 만나고 이별하고를 반복한다. 그 가운데에는 결혼을 생각할 정도로 미래를 깊이 고민하는 인연도, 잠시 스쳐가는 인연으로 상대적으로 적은 부담을 안은 인연도 있다.

그리고 그 부담의 무게나 깊이와 상관없이 언제라도 누구라도 이별을 맞을 수 있다. 이때, 이별을 한 후에는, 힘들더라도, 만남의 깊이에 너무 많은 의미를 두지 않기를 바란다.

그저 상대방 또한 나와 인연이 되었고, 또 이별이 되었음을, 그 사실을 받아들이는 것뿐이다.

그리고 또 언제라도 새로운 인연을 기다릴 수 있어야 한다. 그 또한 자연스러운 흐름이니까. 과거의 상처에 사로잡혀 있지 않다면 당연한 흐름일 테니까.

중요한 것은 과거에 우리가 얼마나 깊은 사이였느냐가 아니라, 지금, 현재의 우리라는 것. 알고 있어도 어려운 것이 감정 정리지만, 부디 그것에 얽매이지 말기를.

이별 후, 마음을 추스르는 방법

우리가 사랑을 시작할 때 매일 주고받는 연락 하나에도 들뜨고, 설레고, 세상 모든 것들이 아름답게 보이듯, 이별을 한 후에는 모든 노래 가사가 나의 이야기인 것 같고, 매일 연락하던 사람이 사라졌다는 허전함에, 나를 가장 잘 알아주는 사람이 없어졌다는 상실감에, 외로워하고, 두려워하고, 당장의 감정을 못 이겨 다시금 그 관계를 되돌리려 한다.

모두 당연한 감정이며, 당연한 수순이다. 그만큼 우리가 사랑을 하는 동안 상대방을 믿고 사랑했으며, 나의 감정에 충실했다는 방증이기도 하기 때문이다.

그렇지만 그렇다고 해서, 그것이 여전히 상대방에 대한 마음을 붙잡고 있어도 된다는 의미는 아니다. 그것을 붙잡고 있는 것은 여전히 상대방이 내 것이기를 바라는 나의 욕심 때문이다. 우리는 이미 정리가 된 관계를 받아들여야 하며, 지난날들의 과거가 아닌 현재와 더 나은 미래를 살아가야 한다.

그렇다면 이별 후의 마음을 어떻게 하면 잘 추스를 수 있을까. 상대방에게 미련을 남기지 않고 잘 정리할 수 있을까. 그러기 위해 선택할 수 있는 방법들은 이미 잘 알려져 있다.

나만의 취미 생활 갖기,
많은 모임에 참여하고 사람들 만나기,
혼자 생각할 틈 없이 바쁘게 지내기,
국내든 해외든 여행 다니기,
그동안 해보지 못했던 경험 쌓기,
혹은
음악을 들으며 펑펑 울기,
글쓰기로 치유하기, 맛있는 음식 먹기,
헤어스타일을 바꿔서 기분 전환하기,
예쁜 옷을 입고 갖고 싶던 것을 사며,

나를 꾸미고 나에게 투자하기,

자기계발하며 강의 듣고 공부하기,

등등.

모두 맞는 말이다. 어차피 모든 것이 적용되지 않을 것이기에 이것들을 일단 다양하게 시도해보고 내게 맞는 방식을 찾으면 된다. 그런데 그 방법을 몰라서 고민을 하는 것은 아닐 것이다.

그렇다면 우리는 결국 우리가 이별 후에 저러한 행위를 하는, 선경험자들이 저렇게 해보라고 말하는 근본적인 이유를 들여다볼 필요가 있다. 저러한 행위의 이유는, 더 이상 그것에 마음을 쓰지 말라는 것이다.

그의 전화와 메시지를 기다리며 휴대전화를 붙잡고 들여다보고 있지 말고, 그의 SNS에 들어가 근황을 보며 궁금해하고 추측하지 말고, 과거의 기억을 곱씹으며 자책하지 말고, 그로 인해 내 삶을 내팽개치지 말라는 의미다.

당신은 당신의 삶을 살아가야 한다. 지금 과거에 얽매여 보내는 하루, 이틀, 일주일, 한 달, 1년이라는 시간이 얼마나 아깝고 귀한 시간인지를 알아야 한다. 이는 당신 스스로 깨닫기 전까지 누구도 알려줄 수 없다.

   단, 그 마음가짐을 위해 10년 후의 내가 지금의 내 모습을 볼 수 있다면 어떤 선택을 했을까를 생각해볼 수는 있을 것이다.

붙잡고 싶다면 헤어진 연인을

우리는 언제나 이별에 무방비 상태로 놓여 있다. 그래서 헤어짐을 단번에 받아들이지 못하고 때로는 매달리고 붙잡는다. 마치 본능처럼 한 번은 그렇게 말이다.

물론 처음에는 상대방도 마음이 흔들리는 것처럼 보인다. 상대방도 사람이니까. 둘 사이의 추억이 있으니까. 그리고, 나쁜 사람으로 남고 싶지 않으니까.

그러나 그 결말은 아무도 장담하지 못한다. 그럼에도 정말 매달리고 싶다면, 정말 붙잡고 싶다면, 끝까지 해보라고 말한다. 그래야 내가 미련이 안 남으니까.

어차피 상대방은 자신의 선택을 한 것이고, 또 그렇

게 할 것이니, 나는 나를 위한 선택을 하는 것이다. 그렇게 하고 싶다면, 하고 싶은 대로 마음 가는 대로, 할 수 있는 노력을 다 하는 것도 나쁘지 않을 것이다.

 단, 그 결과에 대해서는 원하는 것이 아니더라도 절대 실망하지 말 것. 나는 내 사랑에 마지막까지 최선을 다했으니, 그것으로 되었다.

당신은 그를 바꾸지 못한다

누군가를 깊이 사랑하면, 아무리 주위에서 야무지고 똑똑하다는 말을 듣는 사람도, 왜 그렇게 바보같이 구냐는 말을 듣는다.

특히, 상대방에게 맞춰주려고만 할 때,
모든 상황을 나만 이해하면 될 것이라 생각할 때,
내가 상대방의 아픔과 상처까지도 다 품을 수 있을 거라 생각할 때,
내가 이상한 거라는 상대방의 말에 자꾸만 모든 상황을 내 탓으로 돌릴 때,

내가 좀 더 노력하면 상대방도 마음을 돌릴 거라고, 상대방도 변할 거라고 생각할 때.

하지만 당신은 그를 바꾸지 못할 것이고, 그는 바뀌지 않을 것이다.

내가 바뀌지 않아도 늘 맞춰주는 당신이 있기 때문에.

연애 방법 절대 배신감이 들지 않는 어떤 이별 앞에서도

할 수 있다면, 이별의 아픔은 정말 누구라도 겪고 싶지 않을 것이다. 오죽하면 그 아픔을 또다시 겪을까 하는 두려움에 만남의 시작까지 망설이기도 한다.

그럼에도 정말 어쩔 수 없이 또다시 이별을 맞닥뜨려야 할 때, 그 아픔을 감당하고 싶지 않다면, 어떤 이별의 상황이 닥쳐도 절대 상대방에게 배신감이 들지 않고, 억울하고 분한 마음이 들고 싶지 않다면, 방법이 하나 있다.

만나는 동안 '손해 보지 않는' 연애를 하면 된다.

저축도 하고, 생활비도 제외하고 난 다음 여윳돈으로 무리하지 않는 데이트를 하고, 자격증 준비, 자기계발 짬짬이 해나가면서 시간이 날 때 상대방을 만나고, 기념일, 이벤트에는 여건이 안 되면 지나가거나 분에 넘치지 않게 적당히 준비하고, 우리 가족들, 내 친구들 소원해지지 않게 챙기면서 연애하고, 여행, 유학, 혼자만의 시간도 가지면서 나를 돌아보는 시간도 반드시 놓치지 말고 연인을 만나면 된다.

그런데 사랑에 빠지면 그러기가 쉽지 않다.

네가 좋으니까,
사랑하니까,
내 사람이니까,
나로 인해 네가 행복해하는 모습,
웃는 모습을 보는 게 좋으니까,
어떻게 해서든 더 많은 것들을 주고 싶으니까,
나는 마음 가는 대로 했고,
그런 게 사랑이니까.

맞다.
당신이 이별에 아파하고, 때로는 배신감에 치를 떠는

이유는, 그만큼 내 사랑에 최선을 다했다는 의미다. 내가 할 수 있는 모든 것을 다해 상대방을 사랑했다는 의미이고, 그 시간 동안 나는 나의 진심을 모두 내보였다는 의미다.

당신은 그런 사람이다. 내 사랑에 최선을 다한 사람.

나는 이별에 아파하는 당신은 당신으로서 얼마나 좋은 사람인지를 알았으면 좋겠다. 그리고, 그 가치를 알아봐주는 사람을 만나 오직 행복한 사랑만 하기를 기도한다.

3부
우리의 결이 같기를 바란다

나 자신을 사랑하는 방법

우리는 언제부턴가 행복을 학습하고 있는 것 같다. 나를 사랑하는 방법조차도 말이다.

예쁜 옷, 예쁜 가방으로 나를 꾸미기?
버킷리스트 작성하기?
거울을 보며 나 자신에게 사랑한다고 말하기?
매일 저녁 감사일기 쓰기?

이 또한 방법이 될 수 있다. 그것을 함으로써 그래도 내가 무언가 노력하고 있다는 생각에, 스스로 위안을

삼을 수 있을 테니까.

그러나 정작 중요한 것은, 방법이나 행위 그 자체가 아니다.

그러한 생각조차 하지 않는 것.
내가 나를 사랑해야 한다는 의무감에 사로잡히지 않는 것.
그러기 위해 내 모든 모습을 인정하는 것.
그것이야 말로 있는 그대로의 나를 바라보고 사랑하는 관심의 시작이다.

실행으로 옮기지 않는 나 해야 하는 걸 아는데.

모든 일에는 때가 있다는 말이 있다. 학생일 때는 공부를 하고, 성인이 되어서는 자립해서 자신의 생계를 책임지게 된다. 언어를 습득하기에 좋은 시기가 있다고 하고, 청춘이라는 말을 가리켜 가장 젊고 아름다운 시기라고 말한다.

물론 그것이 꼭 반드시 그래야 하는, 그 시기를 놓치면 안 된다는 의미는 아니다. 얼마든지 마음먹고 노력하면, 특정한 시기가 아닌 자신이 결심하고 행동으로 옮기는 그때가 최적의 시기가 된다.

그럼에도 학창 시절에는 공부를 해야 한다거나 젊을

때 많은 경험을 쌓으라고 말하는 이유는, 그때에는 그 것만 해도 괜찮은 때가 있지만, 나중에는 다른 것과 병행을 해야 하는 상황이 반드시 생기기 때문이다.

시간이 흐를수록 하지 말아야 할, 하지 못할 평계는 실상 더 많이 생긴다. 무엇보다 지금 해야 하는 시기에 행할 때, 훗날 내가 누릴 수 있는 선택의 폭은 훨씬 더 넓어진다. 이 사실들만 인지하고 있으면 된다.

단, 지금 무언가를 해야 함을 느낄 때, 공부를 하든, 운동을 하든, 여행을 하든, 외국어를 배우든, 살을 빼든, 그것을 하지 않음으로써 얻게 되는 결과는 내가 감당해야 할 몫이다.

어떤 시기에도, 해야 하는 것을 알면서 행하든, 하지 않든, 그 자체가 문제되지는 않는다.

선택하기

잘하는 일과

좋아하는 일

●

우리가 일을 선택할 때 놓이는 기로가 있다. 잘하는 일과 좋아하는 일. 둘 중 무엇을 선택해야 하느냐는 것.

내가 할 줄 아는 일이 좋아하는 일이 아닐 수도 있고, 좋아하는 일이 잘하는 일이 아닐 수도 있다. 그렇다면 우리는 둘 중 어떤 선택을 할 수 있을까.

이에 정답이 있다면, 선택은 둘 중 하나가 아닌, 기본적으로 '돈이 되는 일'이어야 한다. 돈이 되는 일이라 함은, 자신의 생계가 유지되는 일, 말 그대로 먹고사는 문제가 해결되는 일이어야 한다는 의미다.

기본적인 의식주가 해결되지 않는데,
내 가족들이 끼니도 못 때우고 있는데,
내 아이들 학업도 제대로 못 마치는데,
내가 부모님께 신세지고 있는데,
주변 사람들에게 폐 끼쳐가며,
나 자신을 포함해 내가 가장 사랑하는 사람들,
내게 가장 소중한 사람들이 고통 받는데,
잘하는 일이고 좋아하는 일이고는 문제가 되지 않는다.

야심차게 사업을 시작하든, 퇴사를 하든, 결국 그 문제가 해결되지 않은 상황에서는 대부분 다시 예전의 삶으로 돌아간다. 그 부분에 대한 해결점을 찾았을 때, 무엇을 병행해서라도 그것에 대한 걱정이 사라졌을 때, 그 다음이라야 진짜 하고 싶은 일, 진짜 좋아하는 일을 선택할 수 있다.

그리고 그때에는 아마도 둘의 우선순위의 고민이 이미 사라져 있을지도 모른다.

고민을 하고 있다면
학업과 진로 선택

사회인이 되어 자신의 적성과 꿈에 대해 고민하며 일을 선택할 때와, 학생으로서 학업이나 진로에 대한 고민을 하는 것은 조금 다르다. 이때는, 직접적으로 상황을 맞닥뜨리기 전까지는 삶의 면면에 대한 경험치가 적기 때문에, 나의 기준이 없는 상태인 경우가 많다.

내가 무엇을 잘하는지,
내가 무엇을 좋아하는지,
내가 무엇을 할 때 인정받는지,
내가 무엇을 할 때 가장 행복한지를,

잘 모를 수도 있고, 언제든지 바뀔 수도 있다.

그래서 원하든 원치 않든 어떤 식으로든 무언가를 새롭게 경험하게 되었을 때, 그것에서 파생되고 연결이 되어 새로운 세상의 문이 열리는 경우가 오히려 훨씬 많다.

한 분야에서 업적을 이룬 이들이 경험의 중요성을 강조하는 이유도, 어떤 경험도 쓸모없는 경험은 없다는 말의 의미도 여기에 있다.

그리고 학업이나 진로에 대한 고민이 사회인의 꿈 찾기와 다른 이유 또 하나. 학업이나 진로에 대한 '미래 가치'를 누구도 정확하게 평가할 수가 없기 때문이다.

지금의 유망 직종이 수년 후에도 여전히 그러할 것이라는 보장을 할 수 없고, 사회적으로는 인기 있는 업종이 내게는 잘하지도 못하고, 흥미도 없는, 어쩌면 그로 인해 행복하지 않은 삶이 될 수도 있기 때문이다.

또한 반대로, 내가 간절히 하고 싶었던 일이 실제로 내게 행복한 일이 되리라고도 누구도 장담할 수 없다.

그렇기 때문에 악착같이 노력해서 성취한 일을, 누군가는 어느 순간 회의감이 든다며 때려치우기도 하고, 마지못해 등 떠밀리듯 선택한 일이 의외의 적성임을 알게 되어 승승장구 하는 경우도 있는 것이다.

우리가 자신의 미래를 보고 온다면 가장 나은 선택을 할 수 있겠지만, 그렇지 않기 때문에 그 누구도 정답을 말해줄 수는 없다.

단, 당신은 딱 하나만 기억하면 된다. 원하는 것이든 원하지 않는 것이든 지금의 선택이 결코 인생의 종착점이 아니라는 것. 어느 쪽이 되었든 반드시 신중하되, 그 순간의 선택에 대한 결과를 받아들이고, 나의 경험과 기준을 만들어가며 더 나은 나를 위한 또 다음 선택을 하면 된다는 것. 그것뿐이다. 모든 선택은 또 다른 새로운 시작일 수 있다.

미련을 갖지 말 것 지나간 인연에

간혹 시간이 지나고 나니 아쉬운 마음에 다시 연락하고 싶은 사람들이 생기기도 한다.

만약 그것이 혹시나 상대방이 너무 잘 지내는 것 같아 보여서, 예전보다 갑작스레 잘나가서 그런 것이라면, 더욱 그것으로 그만이다.

지나간 인연을 애써 붙잡으려 할 필요가 없다. 이제와 그것을 붙잡는다 한들, 대개 크게 달라지는 것은 없다. 모든 것은 나의 욕심일 뿐이다.

이미 그들의 삶은 내가 없는 모습으로 견고히 다져져 있다. 그 사이에 과거의 인연이 들어갈 자리는 없다.

그렇다고 그것에 슬퍼할 이유도 없다.

나 또한 누군가에게는 그 없이 견고히 다져진 지금의 삶을 잘 살아가는 모습일 테니까. 우리는 과거가 아닌 현재를 살아가야 하는 사람들이니까.

모두에게 좋은 사람으로 보이는 방법

모두에게, 누구에게나 좋은 사람으로 보이는 방법이 있을까. 질문이 어렵게 느껴진다면 반대로 생각해보자.

'나는 모든 사람을 좋아하는가.'

내가 모든 사람을 좋아할 수 없듯 모두가 나를 좋아할 수는 없다. 그중 한 사람은 분명 나와 맞지 않는, 어울리기 힘든 사람이 존재할 것이기 때문이다.

하지만 그럼에도 모두에게 사랑 받고 싶다면 한 가지 방법이 있다. 바로 나를 없애면 된다.

나라는 사람을 철저하게 지우고,
만나는 상대방의 취향에 맞추고,
만나는 모임의 분위기에 동조하고,
모두를 위한 예스맨이 되어서,
누군가에게는 좋은 사람으로,
누군가에게는 호구로 인식이 되어,
나는 할 만큼 노력했다는 만족감에 취하는 방법이 있다.

물론 아이러니하게도 이때도 드러나지 않게 속으로든 뒤에서든 나를 욕하는 사람은 존재할 수 있다. 다만 대놓고 하지 않으니 내 눈에는 크게 띄지 않을 것이고, 설령 그런 상황이 발생한다 하더라도 예스맨을 좋게 본 다른 이들이 나를 옹호해줄 수도 있을 것이다.

그런데 처음에 말했다. 그러기 위해서는 나를 없애야 한다.

싫어도 싫다고 말하지 못하고,
내가 힘든데도 누군가를 위해 도와야 하고,
좋아하지 않는 음식을 맛있는 척 먹고,
좋아하지 않는 음악을 신나는 척 듣고,

시간이 없어도 일을 떠맡아야 하고,

내가 소중히 여기는 사람들을 뒷전으로 한 채 타인을 먼저 생각해야 할 때가 생길 수도 있다.

대다수의 사람들이 마냥 좋은 사람으로 보이고 싶지 않아서 자신의 의견을 내세우는 걸까? 착한 사람으로 보이고 싶지 않아서 자신의 취향을 드러내는 걸까?

아니다.

내가 나로서 살아가고 싶기 때문에 자신의 의견을 말하고, 취향껏 즐기는 것이다. 내가 나로서 살아가고 싶기 때문에 있는 그대로의 내 모습을 사랑하는 사람들을 만나려 하고, 나 또한 상대방의 성향을 존중하려 하는 것이다.

모두와 친구가 되려는 사람은 누구와도 친구가 될 수 없다는 말이 있다. 내가 나의 삶을, 앞으로 어떤 모습으로 누리며 어떻게 살아갈 것인지는 오직 나에게 달려 있다.

상대방이 불편해할 때 나의 마음을

누군가를 좋아하는 마음은 그 자체로 아름답고 귀하다. 사람이 사람을 좋아하는 것은, 그러한 감정을 누리는 자체로 축복이다.

    그러나 그 감정이 상대방에게 불편함을 준다면 이야기는 조금 달라진다.

    내 마음을 전하고 표현하는 것,

    이는 나의 선택이며, 그 다음은 그로 인한 결과일 뿐이다.

    내가 나를 위한 선택을 해서 표현했듯, 그것을 받아들이는 것은 상대방의 선택이며, 그것은 내 손을 떠난 결과가 된다.

내가 좋아한다고 해서 상대방도 나를 반드시 좋아해야 할 이유는 없다.

내 감정을 상대방에게 결코 강요할 수는 없다.

내가 할 수 있는 데까지 다 했다면, 결과도 수용할 수 있어야 한다.

그것이 귀한 마음을 귀하게 사용하는 방법이다.

성공한 사람들의 특별한 인간관계 노하우

학교생활을 하든 직장 생활을 하든 어디에서든 문제가 되는 것은 결국 사람과의 관계다. 그럴 때면 성공한 사람들의 노하우가 궁금해진다. 그들은 대체 어떻게 그러한 것들을 잘 해결해나간 것일까.

주위에 내로라하는 사회적, 금전적 성공을 맛본 이들을 보면 공통적으로 말하는 것이 있다. 바로 모든 성공에 있어 결정적인 계기는 '사람'을 통해 맺게 되며, 사람과의 관계에서는 약간 '더 내주는 쪽'이 결국 이기게 된다는 것이다.

대부분 손해 보지 않는 삶을 살려고 한다. 그런데 성공한 이들은 조금 손해 보는 것이 결국 이득이 된다고 말한다.

타인에게 미안한 마음을 안게 하는 것.

나아가서는 그들이 나에게 고마움을 느끼게 하는 것.

그것이 사업을 하는 데 있어 상대방을 내 사람으로 만드는 노하우라면서 말이다.

물론 상대방의 호의를 이용하려고만 하는 이가 있다면 그 관계는 정리하는 것이 맞을지도 모른다. 그러나 대부분의 사람들은 자신이 받은 만큼 또 내주려 한다.

만약 당신이 사업을 하고 있다면, 어느 궤도 이상의 성공을 맛보고 싶다면 반드시 명심해야 할 비법이다.

열등감의 순기능

열등감의 이유는 딱 하나다. 비교. 이것을 억지로 하지 말라고 말한들, 열등감을 느끼지 말고 자존감을 높이라고 말한들, 아무 소용이 없다. 이미 시작된 순간, 온갖 부정적인 생각이 밀려오기 때문이다.

이때 우리는, 밀려오는 생각을 거부하는 것이 아니라, 밀려오는 생각을 수용해야 한다.

남의 잘됨을 진심으로 축하하지 못하는 모습,
남들의 SNS를 염탐하고 위축되는 모습,
목표를 제대로 이루지 못하는 모습,

시작하고 끝을 맺지 못하는 모습,
부족한 모습, 못난 모습,
모두 나다.

그래서 그런 내 모습이 잘못인 걸까?
그런 감정이 드는 내가 틀린 걸까?

아니다.
그 모습 또한 나일 뿐이다. 다만, 생각이 거기에서 하나 더 나아가야 한다.

그래서, 그건 그거고,
이왕 말하는 거 이모티콘 화려하게 넣어가며 내가 제일 먼저 축하한다고 말해서 좋은 사람처럼 눈에 띄어버리자,
그래, 부러워죽겠고, SNS는 그만 들여다보자,
또 못 이뤘네, 그러면 이번에는 목표의 범위를 좁혀보자,
이왕 이렇게 된 거 다양하게 시도나 해볼까,
난 부족하니까 더 많이 배워야겠다,
못났다고 더 쭈굴이로 있지 말고 어깨나 펴자.

상황을 맞닥뜨리고 열등감이 밀려올 때마다 위 문장들을 주문처럼 외우길 바란다.

그러면 됐다. 당신의 열등감마저도 괜찮다. 그것을 받아들이는 방식만 안다면.

나를 위한 마인드 컨트롤 방법
남의 말에 휘둘리는

우리는 살아가다 보면 상황에 대한 판단이나 특정한 기로에서의 선택을 해야 할 때, 타인의 말에 좌우되는 경우가 있다. 물론 나를 생각해서 조언을 해주고, 내가 잘되기를 바라는 마음에서 도움을 주려는 주변인들의 마음도 이해한다.

그러나 문제는, 그것을 따르자니 자꾸 선택에 제약이 생기고, 따르지 말자니 혹시나 나도 내 선택이 잘못될까 찝찝함이 남는다. 결과적으로는 다수의 말에 휘둘리는 일이 대부분이다. 이럴 때, 타인의 말에 휘둘리지 않고, 조금 더 나다운 선택을 하기 위한 마인드 컨트롤 방법이 있을까.

아무리 책에서, 강연에서, 좋은 글귀, 좋은 영상을 본다 하더라도 결국 그것을 진짜 체감하기 전까지는 와닿지도 않고, 내 것이 되지도 않는다. 그나마, 내가 나에게 적용해볼 수 있는 가장 쉬운 방법은, 10년 후에 이르러 지금의 내 선택을 정말 후회하지 않을 것인가에 대해 자문하고 답해보는 것.

타인의 말 때문이든, 내가 원해서든, 그 선택에 대한 책임은 오롯이 나의 몫이다. 그렇기 때문에 우리는 스스로에게 질문해야 한다.

그 책임을 절대 그 누구에게도 묻지 않을 자신이 있는가, 이 선택으로 인한 나의 앞으로의 시간들을 결코 후회하지 않을 자신이 있는가를 말이다.

이후 매 선택마다 자신의 선택의 패턴과 그 결과를 인식하고, 그 다음번에는 이번보다 나은 선택을 하면 된다.

우리의 삶은 매 순간 선택의 연속이다. 그리고 그 순간은 되돌릴 수 없기에, 그 선택이 나를 위한 것인지를 다시금 인지하는 것, 그것이 내가 나를 위해 할 수 있는, 반드시 해야 하는 마인드 컨트롤이다.

좋은 시기는?
무언가를 시작하기에

누구나 새로운 것을 시작할 때에는 두려움을 느낀다. 그것은 이때까지 해오던 것과는 다르기 때문에 느끼는 어색함이기도 하다. 그 어색함과 두려움에 짓눌려 매일 시작할까 말까를 고민하는 이들이 있다.

나도 예전에는 그랬다. 그래서 고민만 하다가 결국 아무것도 시작하지 못한 일들이 부지기수다. 그리고 내가 고민만 하고 있을 때, 뒤늦게 그것을 시작한 이들이 그 분야에서 무언가를 이루어가는 모습들을 볼 때면 막연히 부러워하기도 했다.

몇 번의 반복 끝에 지금은 고민하기 전에 일단 시도

해본다. 어떤 때는 결과와는 상관없이 만족감을 느끼는 일이 있기도 하고, 어떤 때는 금세 맞지 않는 일이었음을 알아채게 되는 경우도 있다. 덕분에 그것을 고민하던 때의 미련이나 하지 못한 것에 대한 후회는 사라졌고, 그 시행착오를 통해 내게 맞는 일들이 무엇인지를 하나씩 찾아가게 됐다.

무언가를 시작하기에 좋은 시기. 누구도 그 시기를 특정할 수는 없다. 관심이 생겼을 때는 이미 유행이 지나버렸을 수도 있고, 다수가 터무니없는 소리라고 할 때에도 누군가는 결국 멋진 결과를 이루어내기도 한다.

고민보다 실행이 먼저다. 일단 그러한 생각이 들었다는 자체가 해보고 싶다는 의미다. 미련 없이, 후회 없이, 넘어져도 모르고 넘어질 때가 낫다.

드는 죄송한 마음 되지 못한 것 같아 훌륭한 자식이

학창 시절에는 교우관계 혹은 학업 문제로, 성인이 되어서는 진로, 취업 문제로, 사회인이 되어서는 결혼, 이직 문제로 고민을 하고, 부모님께 걱정을 끼친다.

예전에 TV에서 이런 내용을 본 적이 있다. 아흔이 가까운 나이의 노모가 60대의 아들에게 차 조심하라고 말하는 장면이었다. 부모가 자녀 걱정을 하지 않는 때가 있을까. 아마 없을 것이다. 부모의 눈에 자식은 평생토록 아이처럼 보이기 때문이다.

그리고 부모가 자녀에게 심리적인, 물질적인 지원을 할 때, 자신들이 바라는 모습대로 되지 못하면 안 된다고 생각하며 지원을 할까. 아니다. 자녀들에게 존경을 받는 대부분의 부모, 자녀들에게 아낌없이 사랑을 주는 부모들은 결코 그렇지 않다.

물론 기대를 할 수도 있고, 당연히 잘되길 바라는 마음도 있을 것이다. 그러나 그 기대에 미치지 못한다고 해서 자녀를 미워하거나 타박할 부모는 없다. 세상 사람들이 모두 등을 돌려도 마지막까지 남아 내 편을 들어줄 단 한 사람이 있다면 그것은 나의 부모님이다.

그렇기 때문에 더 죄송하다고?
아니다.
그래서 더 주눅 들고 죄책감이 든다고?
아니다.
부모님이 나에게 바라는 모습은 그것이 아니다.

부모님이 지금 나에게 바라는 모습은, 항상 어깨 쫙 펴고 당당하게 걷고, 활짝 미소 짓고 밝은 목소리로, 누구를 만나더라도 기쁜 마음으로, 현재의 모습에 행복해하고, 앞으로의 미래를 꿈꾸며, 건강한 마음과 건강한 몸을 지닌 모습이다. 세상에 부족한 자녀는 없다.

절대 잊지 말아야 한다. 나는 존재만으로 부모님의 자랑이자 세상에서 가장 빛나는 보석임을.

구분하는 법
만만한 사람
편안한 사람

우리는 늘 타인에게 좋은 사람이고 싶어 한다. 이왕이면 주변 사람들이 나를 착한 사람, 친절한 사람, 예의 바른 사람, 따뜻한 사람, 편안한 사람, 이해심이 넓은 사람, 배려할 줄 아는 사람으로 기억했으면 하는 마음이 있다.

아무리 나 자신을 먼저 생각하겠다고, 이기적으로 살겠다고 말해도, 사람들이 지닌 그 선한 마음은, 어느 순간 문득 타인에 대한 배려로 자연스럽게 나타나기 마련이다. 문제는 좋은 의도로 한 나의 행동들이 간혹 받아들이는 이에 따라 호의와 호구의 묘한 경계에 놓여 있다는 점이다.

이때, 내가 그들에게 편안한 사람일까 만만한 사람일까를 구분하는 방법은 매우 간단하다. 내가 괜찮으면 나는 편안한 사람이고, 내가 불편하면 나는 만만한 사람인 것이다.

모든 관계는 상대적이기 때문에 내가 어떤 태도를 보이든, 결국 그것은 상대방이 어떻게 받아들이느냐에 따라 다르게 해석된다. 그래서 누군가에게는 좋은 사람이 누군가에게는 나쁜 사람일 수도 있고, 세상에는 무조건 나쁜 사람도, 무조건 착한 사람도 없는 것이다.

이는, 사람에 대한 평가의 기준을 타인에게 맡길 수 없다는 것을 의미한다. 애초에 나의 삶을, 나의 가치관을, 나의 신념을 타인의 잣대에 맡긴다는 것이 아무런 의미가 없다. 그렇다면 우리는, 그것을 스스로 선택하면 된다.

내가 불편하다면,
남들이 나를 무시하는 것 같다면,
남들이 나를 이용하는 것 같다면,
남들이 나를 비웃는 것 같다면,

남들이 나를 존중하지 않는 것 같다면,

실제로 그렇게 평가받고 있을 수 있을 것이고,

이런저런 고민할 필요 없이 나의 소신대로 하는 것이 내가 기쁘고 즐거워서 하는 배려고, 행동이라면, 그것으로 괜찮을 것이다.

그리고 장담컨대 한 번이라도 이러한 생각과 고민을 하고 있는 당신이라면, 당신은 이미 충분히 좋은 사람이다.

정말 좋은 날이 올까 버티고 버티면,

열심히 하라는 말, 지금은 잘 견뎌내고 버티라는 말, 그러면 언젠가 내게도 좋은 날이 올 거라는 말. 정말일까. 그렇게만 하면 내게도 좋은 날이 올까.

그에 대한 답은, 올 수도 있고, 오지 않을 수도 있다.

좋은 날이 올 수 있다는 것은, 노력을 한 후 자신의 모습에 감사해하는 누군가가 있을 것이기 때문이고, 오지 않을 수 있다는 것은, 노력의 여부와 관계없이 여전한 듯한 자신의 삶을 비관하는 사람들이 있을 수 있기 때문이다.

중요한 것은, 우리가 살아가는 삶의 모든 이해관계가 상대적일 수 있음에 대한 이해다. 그렇기 때문에, 그 말의 진짜 의미는, 현재 내가 어떠한 마음으로 살아가고 있는가, 앞으로를 위해 어떠한 노력을 하고 있는가를 돌아보는 데에 더 필요할 것이다.

무엇보다 지금의 내 모습은, 이때까지의 나의 행동방식과 생각의 패턴, 그리고 그것에 의거한 선택에 의해 만들어진 결과물들이다.

적어도 앞으로 지금과 다른 삶을 살고 싶다면, 이때까지 나의 패턴이 무엇이었는지를 명확하게 인지하고, 이제부터는 그 패턴을 깨트리고 다른 선택을 해야 한다. 그리고 그 선택에 대해 지금 내가 할 수 있는 최선을 다하는 것. 그것이 우리가 추구해야 하는 방향이다.

다시 처음 질문으로 돌아가 보자. 버티면 좋은 날이 올까?

버틴다 해서 반드시 좋은 날이 온다 말할 수는 없다. 그러나 버티지 않는다면, 현재에 좌절한다면, 지금과 다른 날은 오지 않는다.

인간관계는 논리적이지 않다

많은 사람들이 가장 많이 고민을 하는 것 중 하나가 바로 인간관계다. 그런데 그 마음을 들여다보면 다들 비슷한 이유로 고민을 하고 있다.

나는 잘 했는데 상대방은 왜 그럴까. 이런 상황에서 이렇게 했는데 왜 저런 반응이 나타날까? 그럴 만한 이유가 없는데 저 사람은 어째서 저런 말을 하는 걸까.

이는 모두 내가 가지고 있는 기준에서, 내가 생각하는 상식의 틀에 맞춰 생각을 하고 있기 때문이다. 분명한 사실은 인간관계에는 논리가 통하지 않는다는 점이다. 이 부분을 먼저 기억을 하고 있어야 한다.

물론 사회적으로 통용되는 기본이나 도덕성이 전제가 되기는 하지만, 그런 것을 떠나 개개인이 느끼는 감정과 그 안에서 생기는 오해는 우리가 생각할 수 있는 경우의 수를 넘는 경우가 훨씬 많다.

각자가 살아온 환경과 받아들이는 이들의 감정에 따라 다르게 해석되기 때문이다. 관계에서, 논리가 아니라 때로는 감성이 필요한 것도 그런 이유다.

그래서 마냥 상대방에게 실망하거나 자신의 인간관계에 회의감을 갖지 않았으면 좋겠다. 그렇기 때문에 나 또한 누군가에게는 그들의 상식에서 벗어나 있는 사람일 수 있다는 것을 꼭 기억했으면 좋겠다.

내가 틀린 것이 아니고, 그들 또한 틀린 것이 아니다.

우울함, 그건 너의 잘못이 아니야

우울이라는 이름으로 자신의 감정을 진단하는 이들을 많이 보았을 것이다. 어느 순간부터는 시작점을 잊은 채 우울감이라는 감정에 잠식되는 경우가 많다. 그 감정은 오랜 시간 켜켜이 쌓여온 것이기에 콕 집어 무엇 때문이라고 말하기도 어렵다.

그저 주변의 상황들이, 그동안의 기억들이 그러한 감정으로 남아 있을 뿐이다. 그리고 그것은 비단 특정한 누군가만 그런 것이 아니다. 생각보다 훨씬 많은 사람들이 문득문득 외롭고 세상에 홀로 남겨진 기분이 들어 가벼운 우울감에 빠지기도 한다.

한 가지 분명한 사실은, 그것이 절대 나의 잘못이 아니라는 점이다. 그것은 누구나 한 번은 드는 생각이다. 누구의 잘못이어서가 아니라 단지 그 생각에 매몰되어 있느냐 아니냐의 차이일 뿐이다. 이제 그것을 내려놓기 위해 당신은 당신이 생각하는 것보다 훨씬 더 대단한 존재임을 기억하고, 나의 감정을 붙잡고 있을 것인가 놓을 것인가, 이제 그 선택만을 하면 된다.

진정한 친구라는 의미

우리는 살아가며 많은 사람들과 인연을 맺는다. 꼭 기억에 남지 않더라도 어떤 식으로든 나와 연이 닿았던 사람들이 있고, 또 그중에서도 특별히 가까운, 소중한 인연이라 느끼는 사람들이 있다. 그 안에서 우리는 친구, 선배, 후배, 동료, 언니, 누나, 형, 오빠, 옆집 아주머니, 앞집 개, 동네 아저씨, 아는 사람, 친구의 친구 등의 이름으로 그들을 부른다.

그리고 평생에 걸쳐 큰 의미를 부여하는 이름이 있다. 친구. 그냥 친구 말고 '진정한' 친구. 진정한 친구란 무엇일까.

매우 오랫동안 알고 지내온 사람,

자주 만나서 얼굴을 보는 사람,

가족들과 서로 다 알고 지내는 사람,

떨어져 있어도 연락을 가장 많이 하는 사람,

나의 비밀을 가장 많이 알고 있는 사람,

어쩌다 한 번 연락을 해도 편안한 사람,

가장 많은 추억을 공유한 사람,

특정한 무리의 모임에 참여하는 사람,

등등.

기준은 개인의 것이지 정해진 것은 없다.

자주 만나도 속 얘기를 털어놓지 않는 사이가 있고, 자신의 비밀을 털어놓는 사이여도 막상 대외적인 만남은 다른 이들과 함께하는 경우도 있다. 모든 만남은 상대적이며, 그 관계성에 옳고 그름을 논할 수는 없을 것이다.

나는 상대방을 진정한 친구라 생각했는데, 상대방은 나를 그렇게 생각하지 않는 것처럼 느껴질 수도 있고, 나는 그 친구가 전부인데, 그 친구는 수많은 친구가 있어 정작 그에게 내가 중요하지 않은 존재처럼 느껴지는 경우도 있다.

진정한 친구라는 것은, 가장 이상적인 것은,

서로가 서로를 위하고,

말하지 않아도 서로가 서로에게 가장 소중한 존재이며,

세상 사람들 모두가 돌을 던져도 나를 믿어줄 수 있는 그런 존재겠지만, 평생에 걸쳐 그 어떤 상황과 세월 안에서도 변함없이 그런 존재라고 말할 수 있는 사람은 그리 많지 않을 것이다.

물론 누군가는 나는 아니라고, 우리는 진정한 친구 사이라고 말할 것이다. 그 또한 맞다.

단지 나는, 그렇지 않다고 해서, 텔레비전에 나오는 그런 화려한 우정, 혹은 매우 이상적인 친구라는 존재를 기준으로 두고 내 인간관계에 회의감이 든다 해도, 그것은 당신이 이상한 것도, 잘못된 것도 아니라고 말해주고 싶은 것이다.

대가를 바라면 서운함이 생긴다

우리가 어떤 상황에서, 누군가에게 실망하게 되는 때의 이유는 하나다. 그것에 무언가 기대를 했고, 상대방이나 상황이 그 기대에 미치지 못했기 때문이다. 그래서 기대가 없으면 실망도 없다는 말을 하는 것이다. 그것은 연인 사이든, 친구 사이든, 심지어 가족 간에도 마찬가지다.

만약 내게 연애에 대한 로망이 있는데 상대방이 그 로망에 맞춰주지 못하면 실망하고 상처 받는다. 친구나 동료에게 무언가를 베풀 때, 그것에 대한 보답을 바라게 되면 그렇지 못했을 때 서운함이 생기게 된다.

그렇다면 우리가 더 이상 실망하지 않고 서운해하지 않기 위해서는 어떻게 해야 할까. 그 방법은 의외로 간단하다. 그것에 상응하는 '돈'을 받으면 된다.

내가 들인 노력과 시간, 마음 씀, 물리적인 거리 이동과 선물, 정보의 가치, 그로 인해 포기한 기회비용, 혹은 영향을 받은 나의 인간관계, 업무 결과 등등. 자신이 생각하기에 이러한 것들을 고려하고도 상대방이 어떤 반응을 하든 아깝지 않은 상태의 '비용'. 그것을 받으면 된다.

이 말은 즉, 대가를 바라고 있는 그 마음을 들여다봐야 한다는 의미다.

상대방도 나만큼 행동하기를 바라는 마음,
상대방도 나만큼의 돈을 지출하기를 바라는 마음,
상대방도 나만큼 기념일을 챙겨주기를 바라는 마음,
상대방도 나만큼 나를 위해 마음 써주기를 바라는 마음.

그리고 그것이 충족되지 않았을 때 나는 괜찮은가에 대한 질문을 던져봐야 한다. 그 마음이 서운함을 만든다.

그런데 한 번쯤 돌아봐야 할 것이 있다. 내가 상대방에게 그러한 기대감을 안을 만큼, 혹은 은연중에 무언가 보답을 바랄 만큼 정말 상대방에게 많은 것들을 해주고, 마음 쓰고 있다고 가정해보자.

그렇다면, 그들은 정말 내가 그들에게 실망하고 서운해야 할 만큼 부족한 행동을 하고 있는가? 또 하나, 나는 내 주위의 또 다른 타인들에게는 그들이 베푼 만큼 보답을 하고 있는가?

이때 꼭 기억해야 할 것은 내가 상대방을 위하는 방식과 그들이 나를 위하는 방식이 똑같을 수는 없다는 것. 그럼에도 서운할 만하다면, 그 관계에 대해 진지하게 생각해볼 필요가 있을 것이다. 그리고 모든 인간이 완벽할 수 없듯, 나 또한 누군가에게는 서운한 존재일 수 있다.

항상 모든 관계는 상대적일 수 있음을 기억해야 한다. 내가 기쁘게 베풀 수 있는 만큼의 배려를 할 때. 그것이 상대방을 위함임을 기억해야 한다.

외로움을 극복하는 방법

사람은 사회적인 동물이라 했던가. 그래서인지 홀로 있는 시간이 감당이 되지 않을 때가 있다. 심지어는 군중 속에 함께 있을 때조차 혼자 있다는 생각이 들기도 한다.

또는 사람들과 어울려 놀 때는 좋았는데 자리가 파하고 혼자 집에 오면 다시금 몰려오는 외로움에, 삶의 덧없음에 대한 오만 가지 생각이 나를 감싼다. 이것이 심해지면 우울증으로 이어지기도 한다.

그렇다면 우리는 혼자 있는 시간을 만들지 않을 수는 없을까? 늘 누군가와 함께할 수 있을까?

아쉽지만 현실적으로 불가능에 가깝다.

우리가 산에 들어가서 상대방과 단 둘이 사는 것이 아니라면, 설령 단 둘이 산다 해도 각자 맡은 일을 하고 하루를 보낼 때에는 혼자 있는 시간이 생기게 된다. 내가 어린 아이가 아닌 이상 혼자 있는 시간은 언제가 되더라도 생길 수밖에 없다.

우리는 나뿐만이 아니라 누구든지 혼자 있는 시간이 존재한다는 것을 알고 있어야 한다. 그래야 나만 세상에 홀로 남겨진 것이 아님을 인식할 수 있다. 나만 혼자 있는 삶이 아니라 모두가 그렇게 살아간다는 의미다.

그리고 이때 우리가 해야 하는 질문은 외로움을 '극복하는' 방법이 아니라, 외로움을 '즐기는' 방법이어야 한다. 혼자 있는 이 시간들을 어떻게 즐길 것인가.

만약 정말 단 하루, 나의 삶을 돌아보는 시간을 보낸다면 홀로 무엇을 하고 싶을 것인가를 생각해보고, 아주 짧은 시간, 아주 작은 일부터 그 시간을 보내는 연습을 하면 된다.

또한 억지로 그 시간을 극복하려고 할 이유도 없다. 내가 가장 나다움을 사랑할 때 우리는 나로서 살아갈 수 있기 때문이다.

여보란 듯이 반드시 잘 살아야 한다, 당신은

가끔 안타까운 상황들을 볼 때가 있다. 과거의 상처나 잊고 싶은 기억으로 인해 자신의 삶이 가치를 잃었다고 생각하는 경우다. 하지만 분명히 알아야 할 것이 있다.

그것이 말에 의한 기억이든,
육체적 성적 트라우마든,
왕따나 학교 폭력이든,
불우한 가정환경 때문이든,
결코 그것이 당신의 삶의 가치를 좌지우지하지 못한다.

그렇다고 그 감정을 흘려보내기 위해 억지로 용서를 하거나, 그것에 얽매여 계속 상대방을 원망하며 살 수도 없다. 제일 먼저 해야 할 일은 어쩌면 이런 것들이 아니다. 그보다 더 먼저 해야 할 일은, 가장 먼저 선택해야 할 일은, 지금, 오늘 하루를, 이 순간을 내가 더 잘 살아가는 것이다.

무슨 말이냐고? 반대로 생각해보자.

내가 여전히 예전의 일들로 괴로워하고 고통스러워하고 삶을 내려놓고 싶은 마음에 불안정한 마음으로 살아간다고 해서, 나의 원망의 대상이 되어버린 그 상대방이 눈 하나 깜짝할까? 내 고통이 그에게 전해질까? 내가 괴로워한다고 해서 상대방이 진심으로 죄책감을 안을까?

아니다.

그런 것들로 인해서 그들에게 내 아픔이 전해지지 않는다. 아랑곳하지 않을 것이다.

그래서 그보다 더 먼저 해야 할 일은, 내가 보란 듯이 잘 살아가는 것이다. 좌절해 있는 것이 아니라, 내 삶을 살아가는 것이다.

밥도 더 잘 챙겨 먹고, 밖에 나가서 친구들도 만나

고, 영화도 보고, 웃고, 쇼핑도 하고, 여행도 하고, 소중한 추억들도 만들고, 내가 나로서 아주 당당하게 떳떳하게 살아가야 한다.

내 삶의 가치는 결코 타인에 의해, 타인과의 관계에 의해, 타인이 만들어놓은 상황에 의해 매겨지는 것이 아니다. 내가 나를 어떻게 바라보느냐, 내가 내 삶을 어떻게 살아가느냐에 따라 달라질 뿐이다.

내가 네 편이 되어 줄게

🌀

세상에서 가장 힘이 되는 말이 있다. 나를 믿어준다는 말.

사람은 나를 믿어주는 단 한 사람이 있을 때, 자신의 진심을 털어놓을 수 있는 단 한 사람이 있을 때 끝까지 나아갈 힘을 얻는다. 무너지지 않는다. 그 단 한 사람의 존재가 주는 힘. 그것이 어쩌면 우리를 살아가게 하는 가장 큰 힘이 될지도 모른다.

지금 이 순간에도 여러 인간관계에 대한 고민, 미래에 대한 불안함으로 여러 걱정거리를 안고 있는 이들이 많을 것이다. 나는 그들에게 말해주고 싶다. 내가 그 단

한 사람이 되어 주겠다고.

물론 얼굴도 보지 못한 네가 무슨 소리냐 할지 모르지만, 그렇기 때문에 매일 더 많은 사람들의 이야기를 듣고, 또 글을 쓰는 것이다.

이것은 언제든지 와서 솔직하게 털어놓아도 괜찮다는 표현의 의미다. 내가 당신의 편이 되어 주겠다는 그러한 표현의 의미다.

이 글을 읽는 당신 또한 누군가에게 꼭 그러한 존재가 되어 주길 바란다. 그 한 사람이 존재한다는 사실만으로도 누군가에게는 살아갈 수 있는 큰 힘이 될 테니까 말이다.

미련이 없다는 말의 진짜 의미

'미련이 없다'는 말은,

   누군가에게는, 모든 것을 하얗게 불태울 만큼의 노력을 했다는 말,

   누군가에게는, 이제 더는 그것을 붙잡고 있지 않겠다는 말,

   누군가에게는, 중도 포기를 합리화하는 말,

   누군가에게는, 쿨 해 보이고 싶어 내뱉는 말,

   누군가에게는, 더 이상 뒤돌아보지 않겠다는 말,

   누군가에게는, 홀가분하게 새로이 시작할 수 있음을 알리는 말,

   누군가에게는, 그동안 너에게 참 고마웠다는 말.

유독 지치고 마음이 무거운 날이 있다

그런 날이 있다.

유독 마음이 지치고 무거운 날,
갑자기 모든 것을 내려놓고 싶은 날,
해오던 것들이 다 부질없이 느껴지는 날.

분명한 것은, 이러한 날들이, 비단 나만의 이상한 감정이 아니라는 것이다. 빈도의 차이일 뿐, 누구나 겪는 감정이다.

친구들과 웃으며 지내는 와중에도,
학교에서 좋은 학점을 받는 와중에도,
미래를 향한 준비로 바쁘게 지내는 와중에도,
동료들과 무난하고 즐겁게 생활하는 와중에도,
지칠 수 있다.
마음이 무거울 수 있다.

주위에서 보기에는 부러워 보이는 상황에서도,
아무런 문제가 없다고 여기는 상황에서도,
심지어 잘 지낸다고 생각하는 상황에서도,
그럴 수 있다.
모든 것에 지치는 순간이 올 수 있다.

이는 그저 각자 나름의 이유로 찾아온, 쉼이 필요한 때다. 결코 내가 틀려서가 아니다. 그리고 그것은 나의 감정일 뿐이지, 누군가에게 비난을 받을 이유는 없다.

단지, 그 감정에 너무 오랫동안 머물러 있지 않기를 바란다.
단지, 그 감정의 이유를 주위 탓으로 전가하지 않기를 바란다.

그러면 괜찮다. 다 괜찮다. 내가 나를 있는 그대로 바라본 순간 모든 감정은 지나가게 된다.

잘 살아와줘서 고맙습니다

누구나 인간관계에 어려움을 겪지만, 가끔 그것이 특정한 형태로 표출이 되어 문제가 되거나, 비슷한 패턴으로 반복되는 경우를 보면, 그것의 이유가 조금 더 깊은 기억에 자리 잡고 있는 경우가 있다. 그리고 그 기억은 대개 가정 내에서 시작한다.

가정 내 불화.

때로는 그것이 직접적인 가정 폭력이었을 수도,

그저 불안정했던 부모님의 사이를 지켜보는 것이었을 수도,

버림받을지 모른다는 두려움이었을 수도,

그리고 가해자는 아니라 말하지만 피해자는 존재하는,

제대로 사랑을 받지 못했던 정서적 폭력과

나의 정신을 망가뜨린 언어폭력.

그리고 그중 하나였거나 혹은 이 모든 것이 종합선물세트처럼 한꺼번에 찾아왔던 누군가의 현재.

만약 현재의 내 모습이, 상처를 견뎌내고 내가 바라는 모습으로, 원하는 모습으로 잘 지내고 있다면, 마음 깊이 안도하며, 정말 잘 살아왔다고, 정말 대견하다고, 정말 기쁘다고, 그저 모든 것이 고맙다고, 정말 다행이라고. 진심을 다해 그 삶을 축복해주고 싶다.

그리고 만약, 아직 상처를 안은 채 과거의 기억에서 벗어나지 못한 삶을 살아가고 있다면, 혹시나 그렇다면, 그렇다 해도, 괜찮다고 말해주고 싶다.

여전히 잘 살아왔다고,

매일 매 순간 정말 혼자 너무 애썼다고,

어떤 식으로든 분명 치열했을 모든 날들에,

그럼에도 노력했을 날들에 그저 고맙다고,

이미 존재만으로 참 안심이고 기쁘다고,
그러니까 모든 것이 다 괜찮다고,
네 잘못이 아니라고, 다 괜찮다고,
괜찮다고, 마음 다해 말해주고 싶다.

감히 그 어떤 말로 마음을 헤아릴 수 있겠냐마는, 그럼에도 꼭 말해주고 싶다. 당신이 과거의 기억으로 힘들어했을 시간만큼, 몇 번이고 몇 번이고 반복해서 말해주고 싶다.

여전히 잘 살아왔다고.
매일 매 순간 정말 혼자 너무 애썼다고,
어떤 식으로든 분명 치열했을 모든 날들에,
그럼에도 노력했을 날들에 그저 고맙다고,
이미 존재만으로 참 안심이고 기쁘다고,
그러니까 모든 것이 다 괜찮다고,
네 잘못이 아니라고, 다 괜찮다고,
괜찮다고, 마음 다해 말해주고 싶다.
몇 번이고 또다시 말해주고 싶다.

그리고 이제는 혼자라는 생각을 내려놓았으면 좋겠

다. 그때의 나에게 누군가 필요했듯, 내가 누군가를 위해 필요한 존재가 될 수 있음을 기억했으면 좋겠다. 그리고 그 어떤 것도 결코 당신의 잘못이 아님을 기억했으면 좋겠다.

부디 머리가 아닌 마음으로.

인연을 만나게 된다 반드시 더 좋은 당신은

🌀

만남과 이별이 가득한 우리의 삶 속에서,
그래도 오늘을 더 잘 살아가고자 하는 이유는,
그리고 또 다시 내일을 기다리는 이유는,
내일은 오늘보다 더 나은 날이 펼쳐질 것이라는 기대감 때문이다.

    그리고 당신이 기대하는 만큼, 혹은 그 이상으로, 그 빛나는 날들은 반드시 펼쳐진다.

    간혹 기다림이 조금 길어지는 날도 있다. 그래도 괜찮다. 그렇다면 또다시 나는 오늘을 살고, 내일을 기대하면 되니까.

그 기다림의 시간만큼 누구에게나, 반드시 그 날들이 펼쳐진다. 더 좋은 인연이 있을 것이고, 더 행복한 날들이 펼쳐질 것이다.

그때까지 당신은, 그날을 맞이할 준비만 하고 있으면 된다.

언제가 되더라도 그날임을 알아챌 수 있도록.

그 기회가 내 것임을 알고 붙잡을 수 있도록.

우리는 타인을 규정짓지 말아야 한다

내향적인 사람과 외향적인 사람,
오픈형 인간과 폐쇄형 인간,
인싸와 아싸.

 우리는 각자의 다른 성향을 이해하고, 존중하고, 때로는 배척하고, 또 동경하며 살아간다. 그런데 사람이라는 건, 개개인의 전반적인 성향이 있기도 하고, 상대적인 성향으로 발현되기도 한다.
 우리 친구들 사이에서는 밝고 활발한 친구가 다른 모임에서는 말 한 마디 없이 지내는 경우도 있고, 우리와 있을 때는 얌전했던 친구가 어느 친구들과 있을 때는 한껏 업 된 모습으로 지내는 경우도 있다.

우리는 가급적 타인을 나의 기준으로 규정짓지 말아야 한다.

애는 이런 사람이야.
쟤는 저런 사람이야.

그 순간부터 그는 나와 다른 사람이 된다.
그는 나와 같지 않지만, 다르지도 않다. 이 사실을 받아들이고 있는 것만으로도 세상을 바라보는 눈은 훨씬 더 넓어진다. 내가 나의 여러 가지 모습을 가지고 있듯, 타인에게도 그의 다양한 면면이 있음을 이해할 수 있어야 한다.

고마움을 반드시 표현해야 하는 이유

고마움의 반대말은 '당연함'이라 했다. 어떤 벅찬 감사와 축복도, 그것이 당연함으로 인식되는 순간, 모든 감사한 일들은 나의 공으로 돌아간다.

내가 만든 것,
내가 해낸 일,
나니까,
그럴 만하니까,
내가 잘나서,
내가 대단해서 일어난 일이 돼버린다.

그래서 고마움을 표현하지 않는 것이 습관이 된 사람들은, 겸손함이 없는 경우가 많다. 우리의 말과 행동은 나의 내면세계가 무의식중에 겉으로 드러나게 되는 것들이다.

우리는 반드시 타인의 배려와 친절에 더 많이 감사해하고, 그것을 표현할 수 있어야 한다. 나를 위해서, 나아가 더 나은 세상을 위해서.

잊지 말아야 한다. 나의 사소한 배려가 또 다른 배려를 낳으며, 나의 감사함의 표현이 또 다른 감사로 이어짐을.

결을 따라 풀어낸 당신의 마음 이야기
마음의 결

초판 1쇄 발행 | 2019년 5월 8일
초판 24쇄 발행 | 2025년 9월 9일

지은이 | 태희

발행인 | 이은화
기획편집 | 이은화
디자인 | 김경미
발행처 | 피어오름

전화 02-942-5376
팩스 02-6008-9194
전자우편 piuoreumbooks@naver.com
홈페이지 www.piuoreum.com

가격 13,800원
ISBN 979-11-964641-1-0

* 이 책의 판권은 지은이와 피어오름에 있습니다.
* 이 책 내용의 전부 또는 일부를 이용하려면 반드시 피어오름의 동의를 받아야 합니다. 잘못 인쇄된 책은 서점에서 바꾸어 드립니다.

이 도서의 국립중앙도서관 출판예정도서목록(CIP)은 서지정보유통지원시스템 홈페이지(http://seoji.nl.go.kr)와 국가자료종합목록시스템(http://www.nl.go.kr/kolisnet)에서 이용하실 수 있습니다. (CIP제어번호 : CIP2019013176)